AF505495

Svenja Deininger
Two Thoughts

SilvanaEditoriale   collezionemaramotti

04 **Svenja Deininger
Due pensieri**

Luigi Fassi

13 **Opere / Artworks**

Svenja Deininger

36 **Svenja Deininger
Two Thoughts**

Luigi Fassi

45 **Vedute di mostra /
Exhibition views**

Svenja Deininger

60 **Astrazione come nuovo
realismo: le Composizioni
architettoniche di
Władysław Strzemiński**

Paulina Kurc-Maj

71 **B=2 & altri estratti**

Władysław Strzemiński

73 **Opere / Artworks**

Władysław Strzemiński

79 **B=2 & other excerpts**

Władysław Strzemiński

80 **Abstraction as New Realism: the Architectural Compositions of Władysław Strzemiński**

Paulina Kurc-Maj

90 **Elenco delle opere / List of works**

94 **Biografia / Biography**

Svenja Deininger

Svenja Deininger
Due pensieri

È la trama di una complessità percettiva a guidare l'apparizione delle tele di Svenja Deininger. Sospese in un terreno ibrido tra astratto e figurativo, le opere dell'artista austriaca combinano tra loro elementi di un pensiero visivo che si sviluppa tra memorie oggettuali e intuizioni formali. I colori filtrano dallo sfondo di livelli pittorici sovrapposti, tra segmenti geometrici e piani modulari più morbidamente astratti che confluiscono tra loro creando spazi inediti sulla superficie finale, tra spessori e volumi, vuoti e pieni. Questa caratteristica processuale della pittura non è tuttavia esito di una pianificazione preventivamente elaborata, ma un modello che si determina nel tempo reale del suo manifestarsi. È un registro di movimenti che procedono tra scenari reali e mentali, contesti urbani in evoluzione e morfologie indefinite, accostando i piani fluidi dell'esperienza vissuta all'immaterialità dell'immaginazione.

È nell'assenza di una programmazione sistematica che Deininger comunica la sua rinuncia a un'interpretazione strettamente razionalista della pittura. In questo distacco si comprende la sua lontananza dalla fede nei principi della letteralità bidimensionale propria della grammatica del modernismo astratto. È la matrice stessa della sua pittura a ricercare infatti allusioni tridimensionali, mediante contorni sbalzati, campiture dettate da molteplici stesure di colore e stratificazioni di tele. Le tele diventano sintesi di possibilità tattili e riferimenti architettonici, dimostrando come la pittura di matrice astratta non si sottragga all'elaborazione del reale, ma sia esito di un più intenso confronto con i suoi dati. La ricorsività di alcune forme allude alla loro prossimità con materiali concreti come legno e complementi decorativi, testimoniando la sotterranea ricettività dell'artista che nel corso degli ultimi anni ha diviso il proprio tempo tra Vienna e Milano nutrendo il suo sguardo sulle due città e la loro storia di architettura urbana e design[1].

Deininger articola la pittura in un terreno liberamente rivolto a una processuale composizione di piani visivi, senza mostrare alcuna indulgenza autoreferenziale verso le tecniche, i materiali pittorici adoperati e la loro combinazione. Il punto di vista operativo di Deininger è in questo senso molto più concreto che estetico: articolare con il medium della pittura delle prospettive di sguardo, mediante le quali nutrire una rinnovata percezione delle forme del reale, con una particolare attenzione al contesto dell'architettura e delle analogie tra architettura e pensiero. Se questi elementi possono condurre Deininger in qualche prossimità iconografica alle istanze dell'avanguardia costruttivista di inizio Novecento, al di là della distanza storica, è tuttavia un elemento più intimo a segnare una differenza netta. Deininger costruisce le sue opere con un'imprevedibilità che

[1]
Luigi Fassi, *Second Sentence / Svenja Deininger*, 2017.

tiene insieme la norma della sua prassi operativa – ogni opera è esito di una meditata gestazione fatta di tempi, ritmi e pause – assieme alla sua identità di artista, capace di stemperare il rischio di un'assertività rigidamente dogmatica con un elemento di sapore femminista. Le geometrie di Deininger non seguono infatti i modi di un'autarchia retta e definita, ma sono piuttosto oblique, inclinate e ondivaghe. Seguendo l'intuizione delle teorie femministe di Adriana Cavarero nel suo *Critica della rettitudine*, si può affermare che in contrapposizione a un canone di postura *retta* e verticalizzante propria di molta tradizione del pensiero e dell'estetica occidentale – apodittica e autosufficiente – Deininger cerca nella geometria delle sue tele un'*inclinazione* che appare fuori asse, imprevedibile, curvilinea. In essa si cela la possibilità di pensare una soggettività più inclusiva e aperta, rivolta e inclinata verso la possibilità dell'incontro con l'alterità, l'incertezza e la prossimità umana.

Si può in questi termini meglio comprendere la suggestione del confronto meditativo portato avanti dall'artista in tempi recenti con l'opera di Władysław Strzemiński (Minsk 1893 – Łódź 1952), figura fondativa del costruttivismo polacco. Strzemiński perseguiva una sintonia ideale tra disegno, colore e trama, cercando una dimensione ottica concentrata in un numero minimo di tonalità e incentrata su una sensibilità cromatica della superficie pittorica. Il quadro appare come una forma ideale fuori dal tempo, un'utopia che propone al reale una dimensione idealizzata e da cui trarre un modello operativo d'ispirazione e azione pratica innovatrice. Il paradigma estetico di Strzemiński, visionario e verticista, prevede un'assoluta coincidenza di intenti tra pensiero, immagine e piano pittorico, come una proiezione di un miraggio visivo, un ideale asintotico verso cui tendere. Assai diversa la forma bidimensionale in Deininger, non solo, come già ricordato, per il suo incresparsi di materiali, in compromissione tra sporgenze e sovrapposizioni. Più ancora, molti dei formati dell'artista, di dimensioni contenute o estese, accolgono un segno che apre la geometria a linee non perpendicolari, in convergenza variabile tra loro sui piani della tela, indici di una forma che si espone e si sporge, vulnerabile e relazionale. La pittura non è così per Deininger un modello ontologico, ma si propone piuttosto come una dimensione di incontro, secondo direttrici segnate anche dalla casualità e dall'incertezza, caratteristiche precarie della vita quotidiana in cui poter riconoscere la propria finitezza e di cui il suo procedere artistico adotta le istanze.

L'arte di Deininger mostra similmente il percorso di una pittura come atto di pensiero in movimento nel mondo, dimensione al tempo stesso analitica ed emozionale, fatta di ricognizione e improvvisazione intuitiva, memoria e partecipazione. L'artista austriaca si approssima in ciò a una forma di scrittura articolata nella composizione delle singole opere, in cui è la natura dei loro accostamenti a determinare il senso della frase pittorica. Ecco perché le tele singolarmente non hanno mai titoli, ma sono le immagini e le variazioni generate dall'artista mediante l'evolversi del lavoro a istituire un possibile testo finale offerto allo spettatore in forma di sguardo.

L'enigma che interroga l'artista è quello del linguaggio, del rapporto tra segno e contenuto, tra autonomia formale di ciascuna opera e relazione collettiva tra loro. Che rapporto c'è tra rappresentazione e azione in pittura? È l'atto stesso del processo pittorico a essere al centro del lavoro di Deininger, perché il suo fine è una scrittura visiva, in cui la materia pittorica sia assimilabile all'atto creativo del linguaggio. In questo la pittura dell'artista è accostabile al mutamento di paradigma operato dalla filosofia di John L. Austin nel passaggio dall'idea del linguaggio come rappresentazione a quella del linguaggio come azione. La teoria degli atti linguistici (*speech act*) di Austin, come espressa nel suo *How to Do Things with Words,* si fonda sul presupposto che un enunciato possa non solo descrivere un contenuto, ma anche compiere delle vere e proprie azioni in ambito comunicativo. Analizzando l'impossibilità di distinguere nettamente nel linguaggio tra l'ambito descrittivo e quello fattivo, Austin dimostra con la sua riflessione che ogni dire è anche un fare, che le asserzioni hanno una decisa facoltà performativa.

In termini pittorici, tale passaggio da una dimensione cognitiva a una di azione è individuabile anche nelle immagini di Deininger, la cui natura non è un riferimento accademico alla storia dell'astrazione ma piuttosto un linguaggio che prova a immergersi nella possibilità delle forme del mondo per reinventarle, riscriverle e lasciarle agire come vettori di una concreta esperienza del reale. Se l'asserzione di una frase può non essere sufficiente per generare un completo significato discorsivo è perché, ci dice l'artista, occorre uno sforzo progressivo e ininterrotto di sviluppo e chiarimento. Sono sempre necessari *two thoughts* – due pensieri – che aprano a nuovi orizzonti conoscitivi, consegnando la pittura a un momento di rivelazione destinato a rinnovarsi sempre di nuovo nel tempo dandosi allo sguardo di chi la osserva[2].

Ogni esperienza personale, ci mostrano le composizioni di Deininger, giunge a realtà manifestandosi prima in percezioni e poi in forme linguistiche elaborate. Corpo e linguaggio sono così reti che catturano l'esperienza offrendo una base comune di espressione a una molteplicità di vissuti e sensazioni personali. Il filosofo tedesco Max Scheler ha scritto nell'*Essenza e forme della simpatia* che *sono i creatori di linguaggio a spostare la soglia dell'indicibile e dell'invisibile,* compiendo un'avanzata

2
Ibidem.

nella terra incognita dell'esperienza e dando espressione a nuovi modi di sentire e intuire oltre a quelli già noti delle regole e delle convenzioni. È difficile non includere all'interno di questo pensiero l'azione dell'arte. Estendendo così all'ambito dell'estetica le riflessioni di Scheler, possiamo intendere come l'arte offra, per usare le sue parole, *una progressiva conquista del mondo intuitivo* – quello delle sensazioni interne e quello esterno delle costruzioni umane nel mondo, sociali e materiali. L'arte rivela possibilità d'essere che si danno solo attraverso la capacità di vedere l'esistente da altri punti di vista, ampliando la percezione di sé e del reale mediante nuove forme, parole, espressioni. È proprio in questi termini di empatia relazionale che si possono interpretare le opere di Deininger, come sintesi rappresentative che esprimono una nuova modalità di comprensione dell'esperienza percettiva nel mondo, mediante canali e strumenti reinventati di volta in volta secondo la grammatica costruttiva dell'artista. È così che le rivelazioni geometriche, spazio e forme, delle sue opere pittoriche, danno forma, di fronte agli occhi del visitatore, a una precisa idea di personalità: un'azione continuata al servizio di un compito (una restituzione consapevole e ragionata del reale) in costante legame con valori ultimi di riferimento (una visione inclusivamente concreta e non metafisica della pittura) e frutto di una decisione consapevole maturata nella propria persona (l'arte come disciplina rigorosa). All'attuarsi di queste condizioni, un'artista diventa, senza proporselo, una personalità. Come ha scritto Max Weber al termine della *Scienza come professione*, l'artista ha trovato il demone che tiene i fili della sua vita e ha imparato a obbedirgli, adempiendo alla richiesta di ogni giorno che le pone il demone.

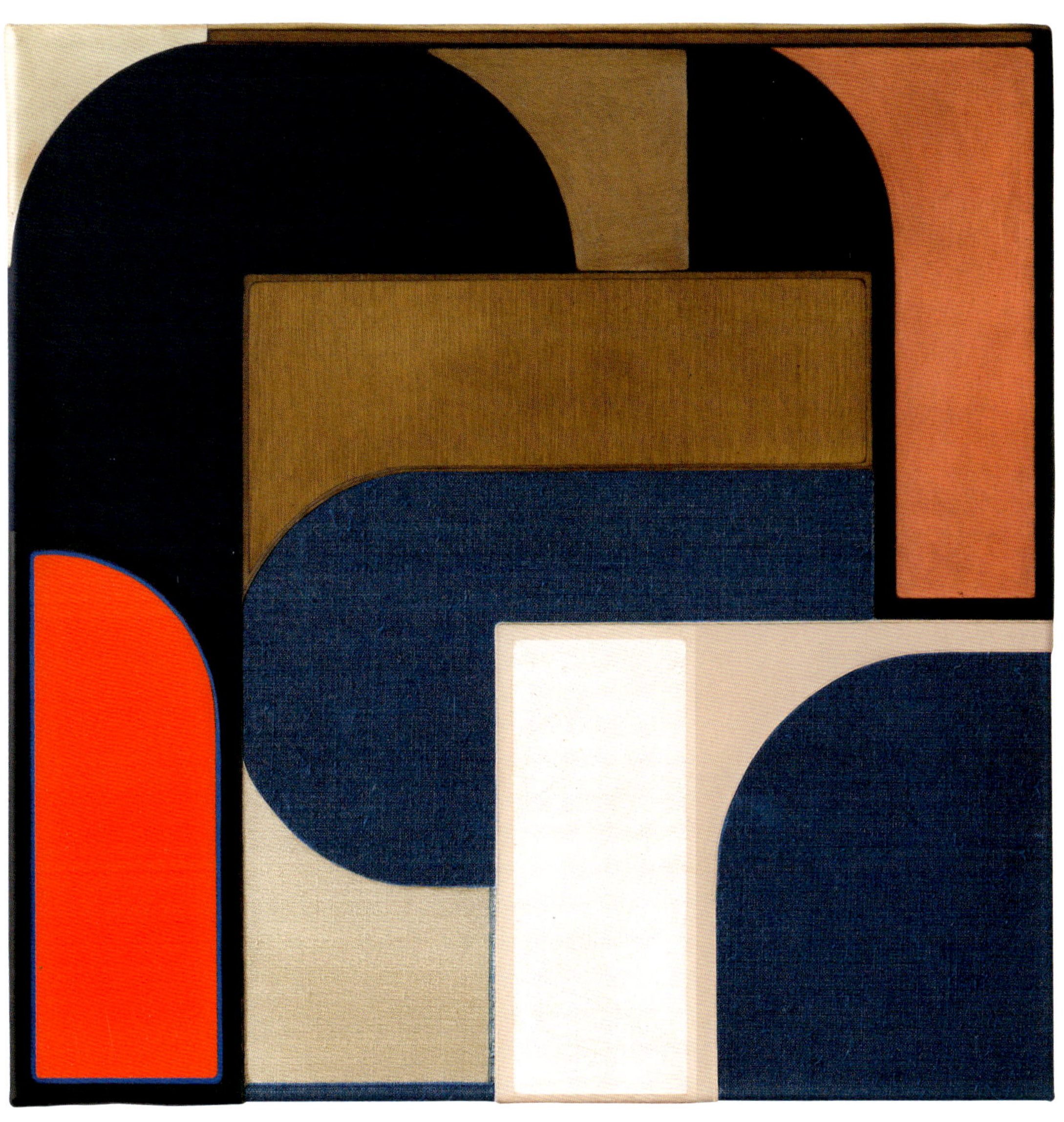

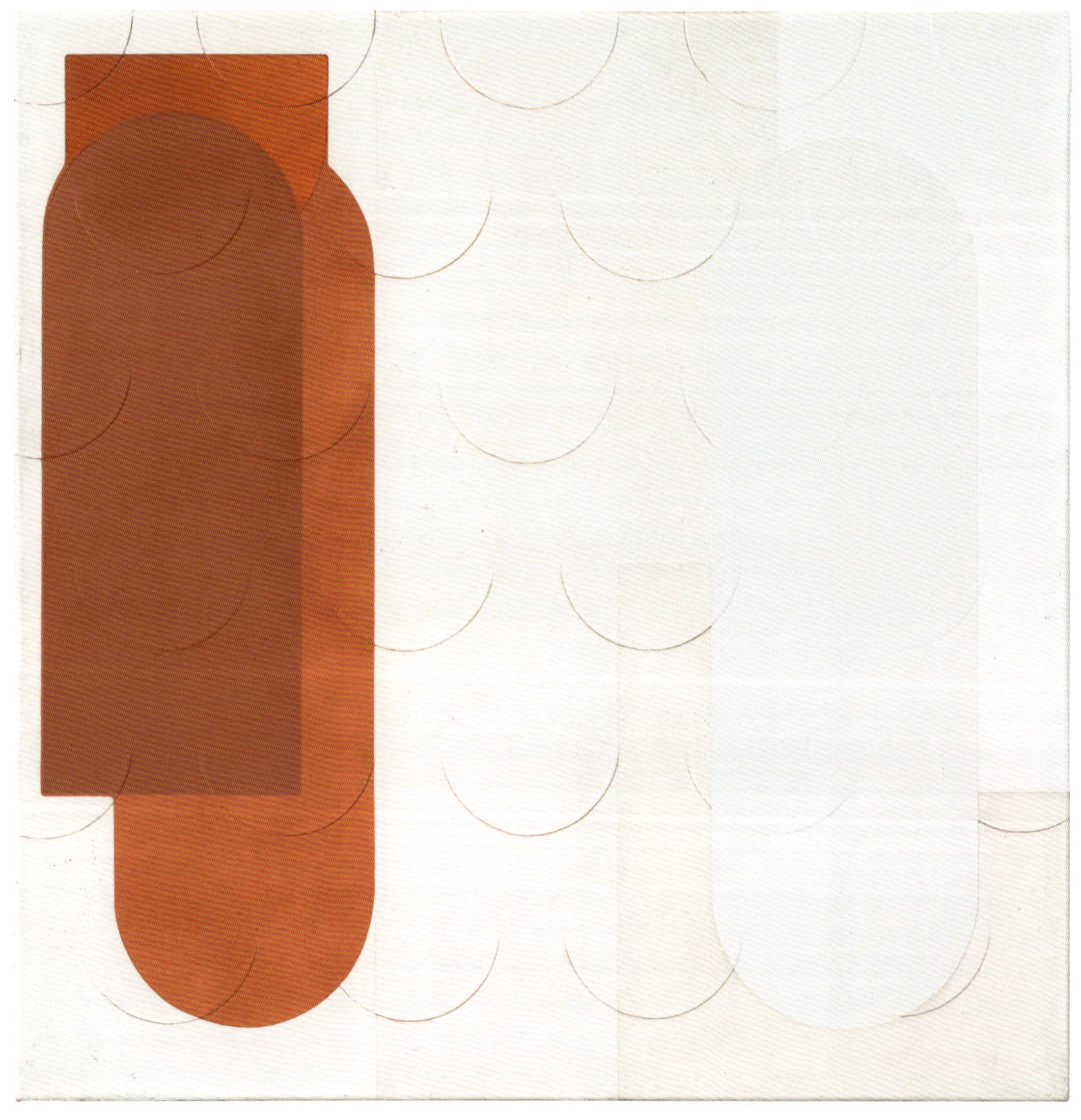

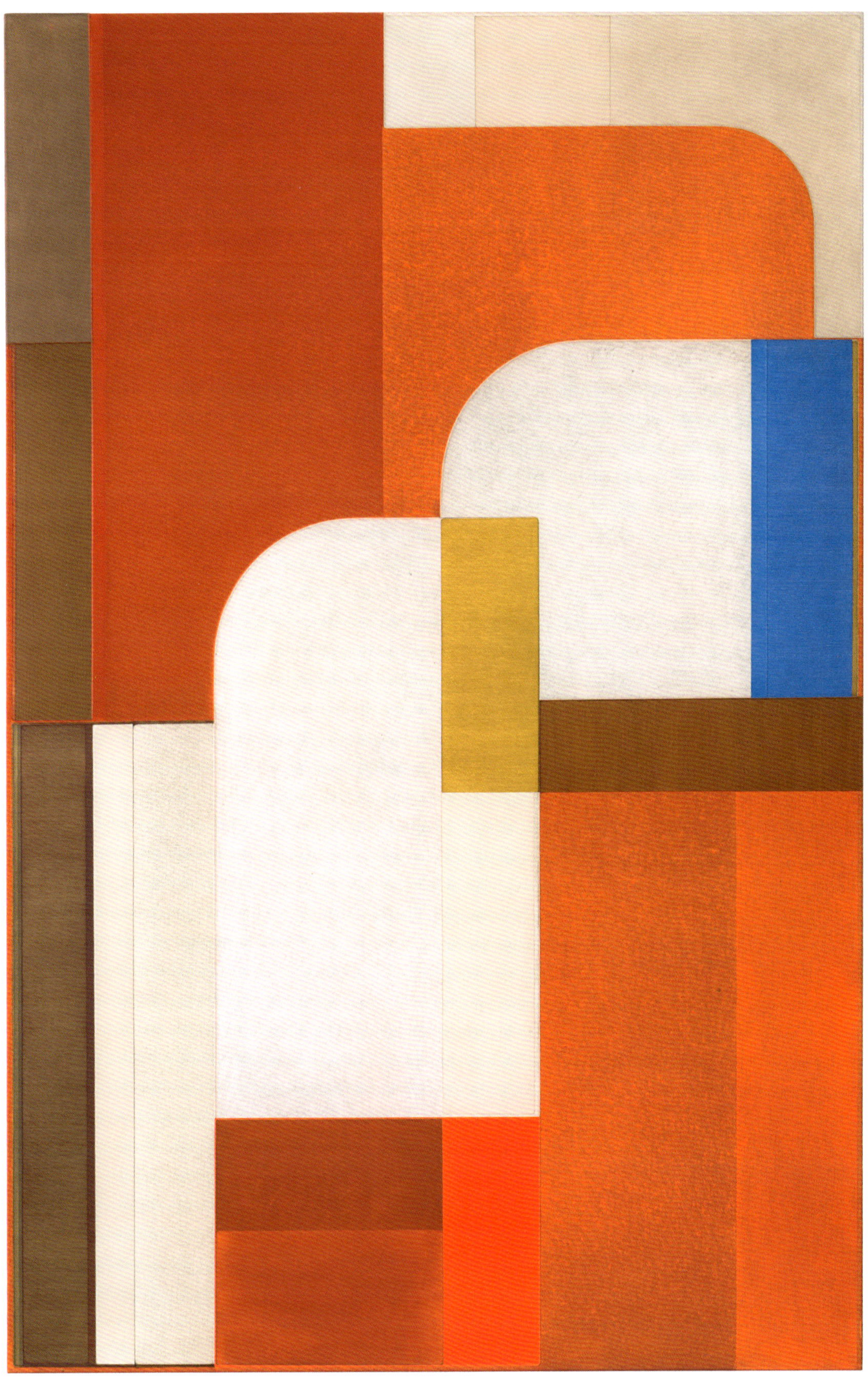

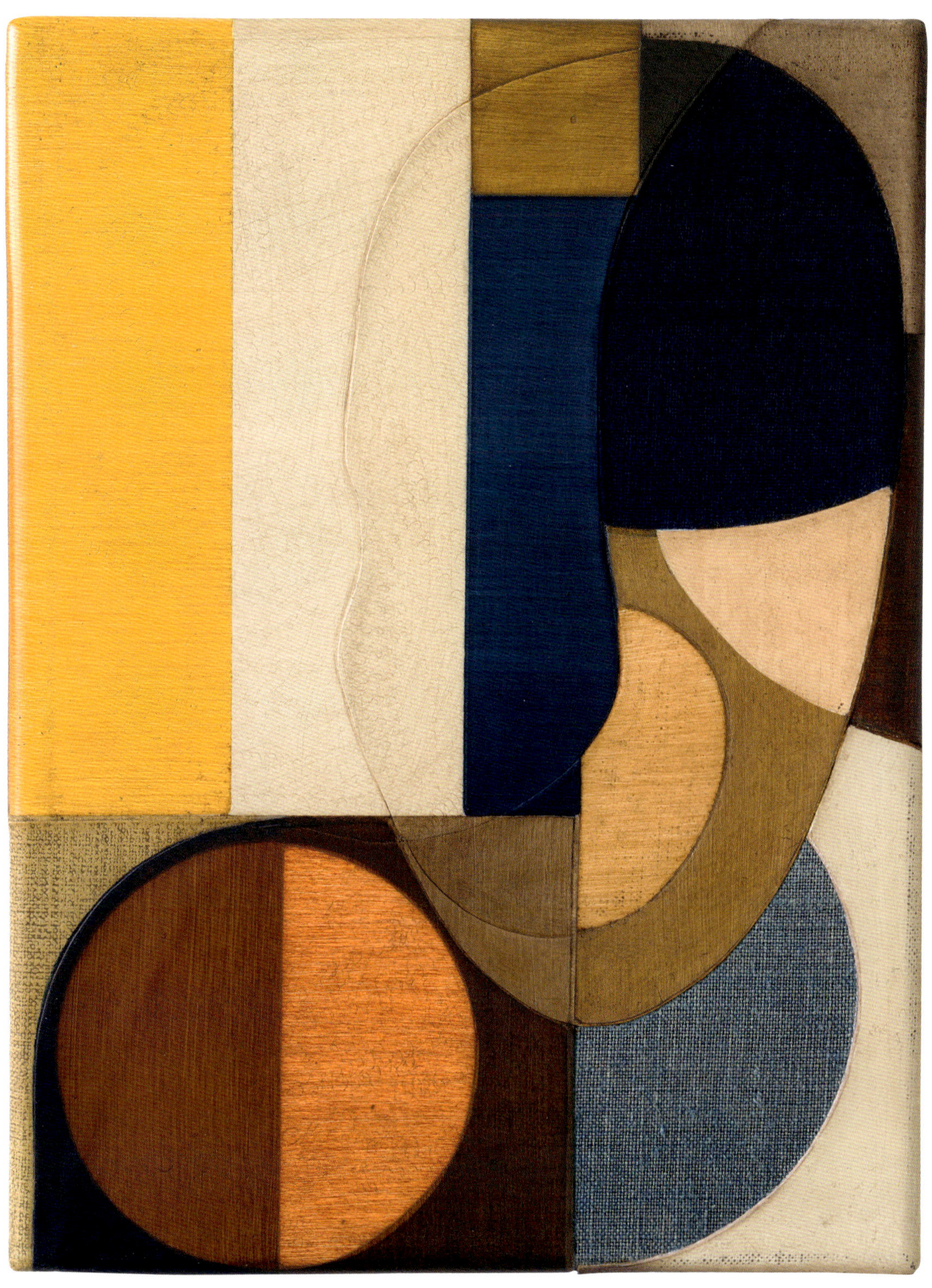

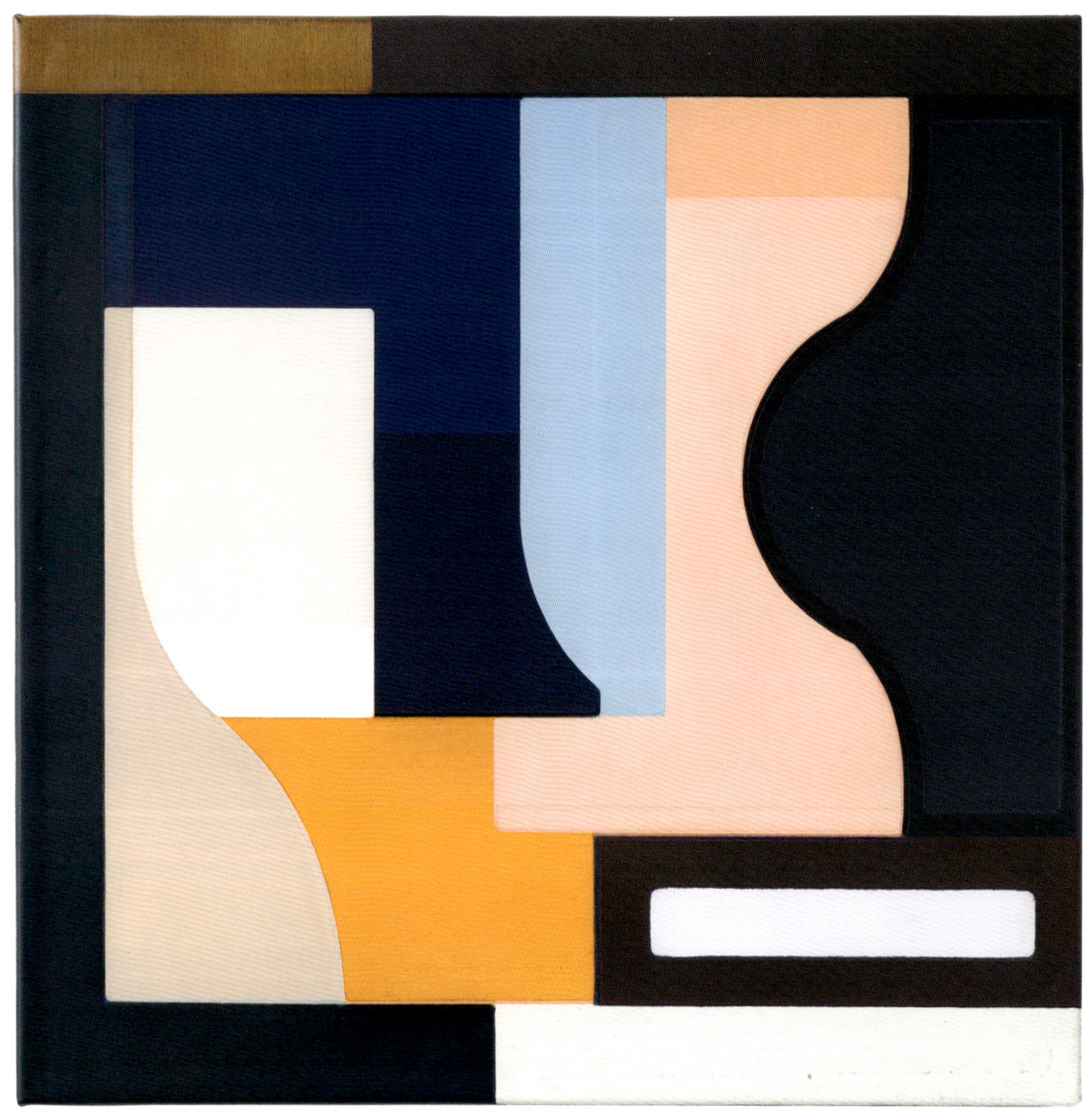

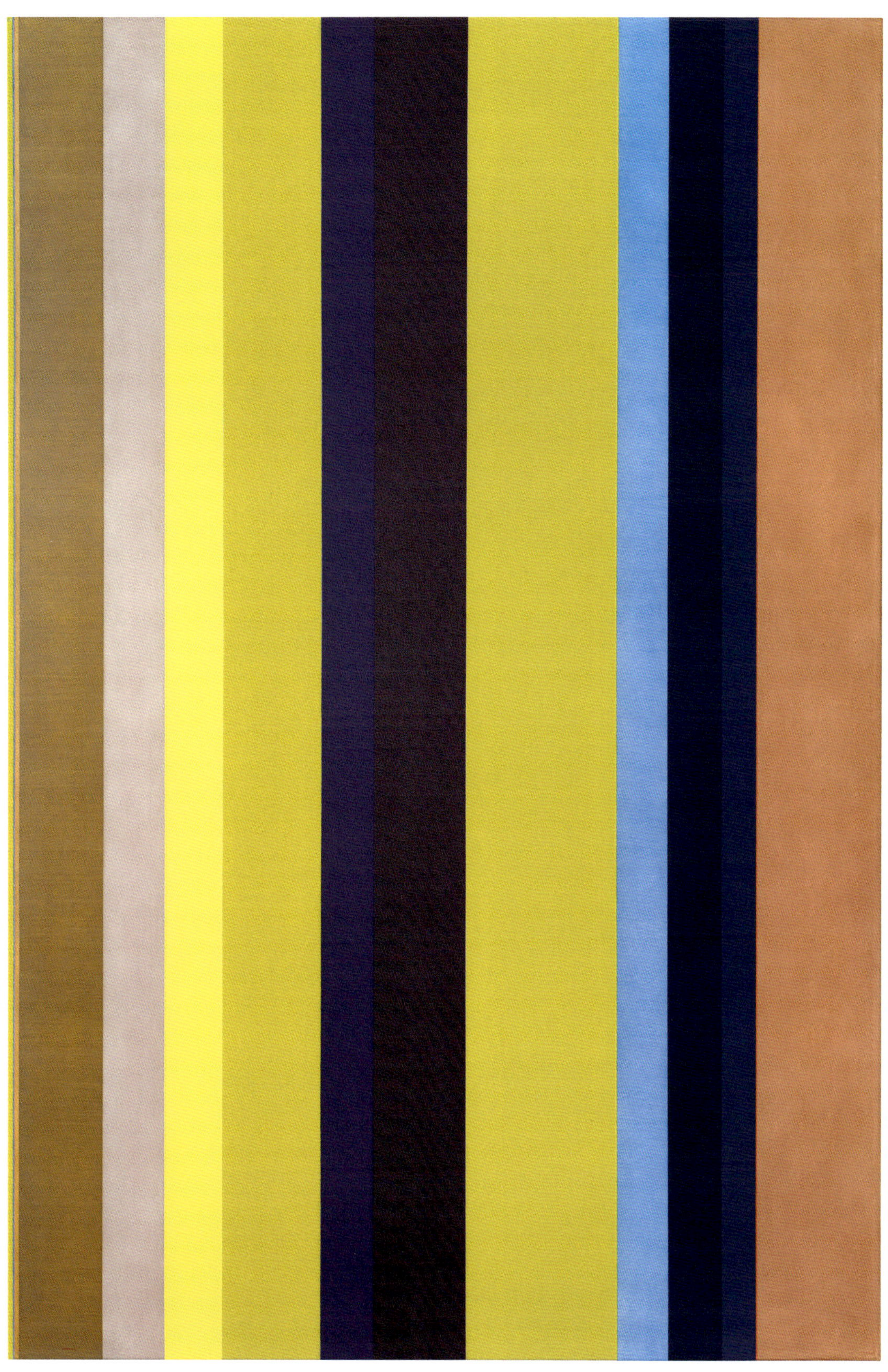

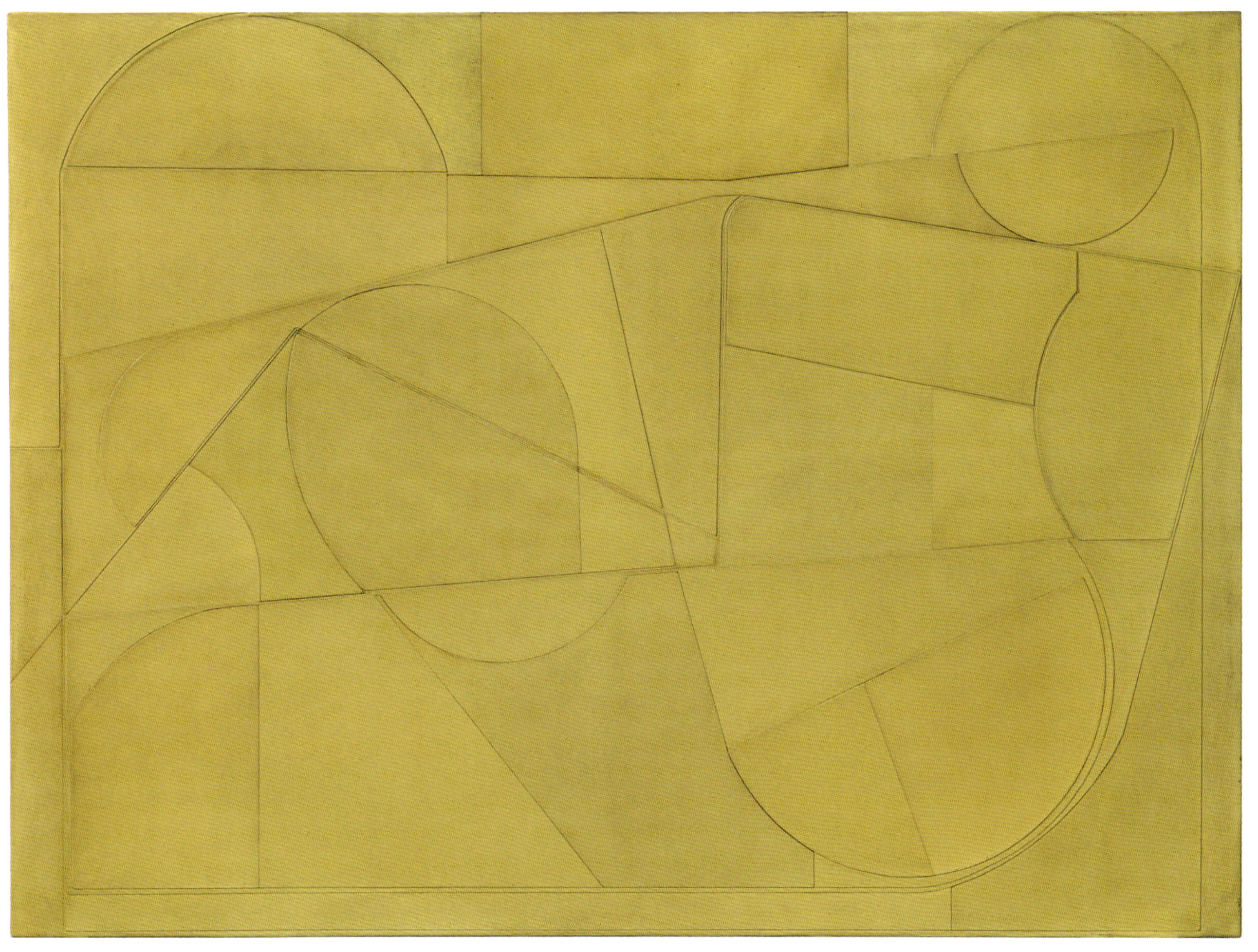

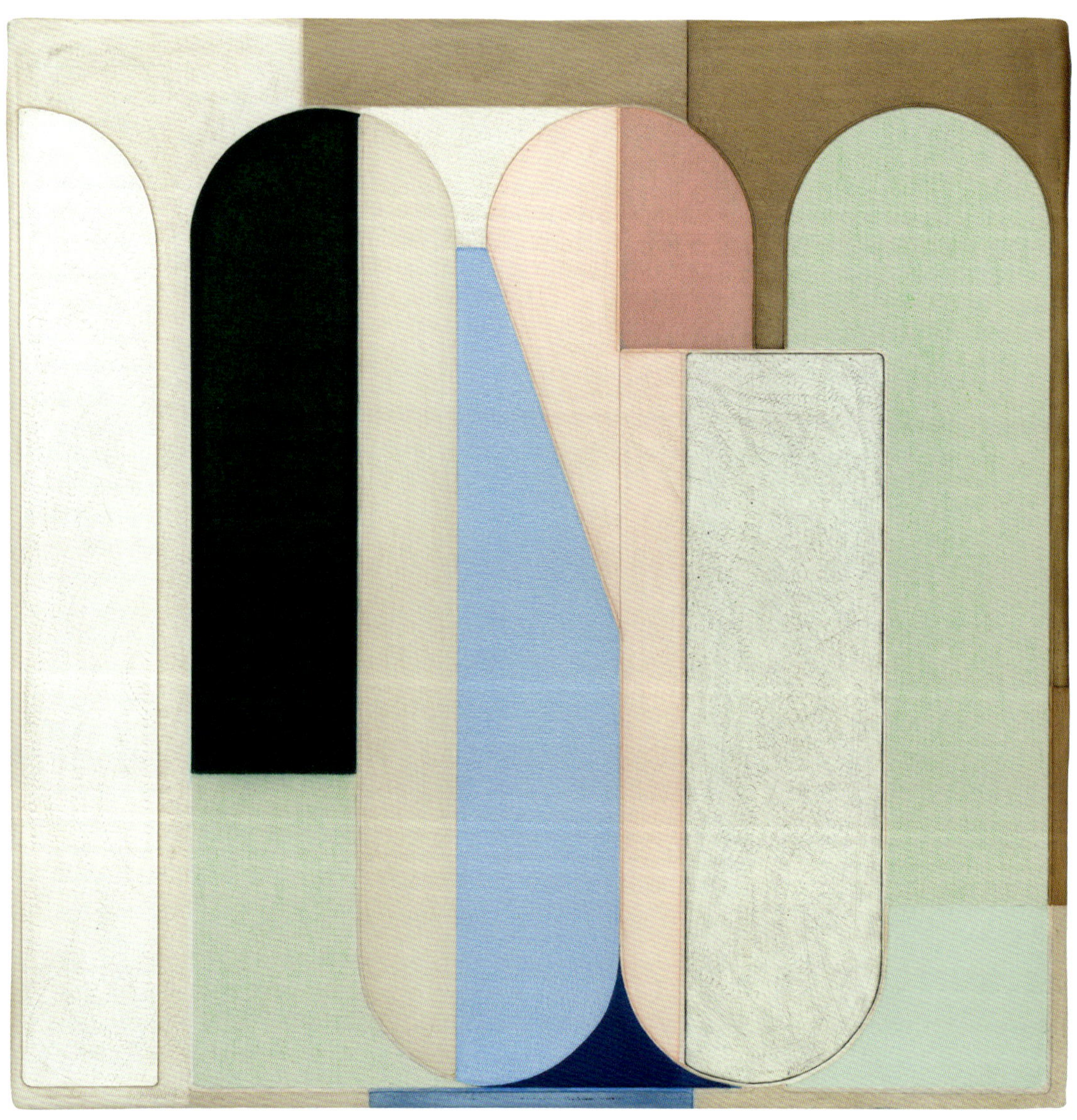

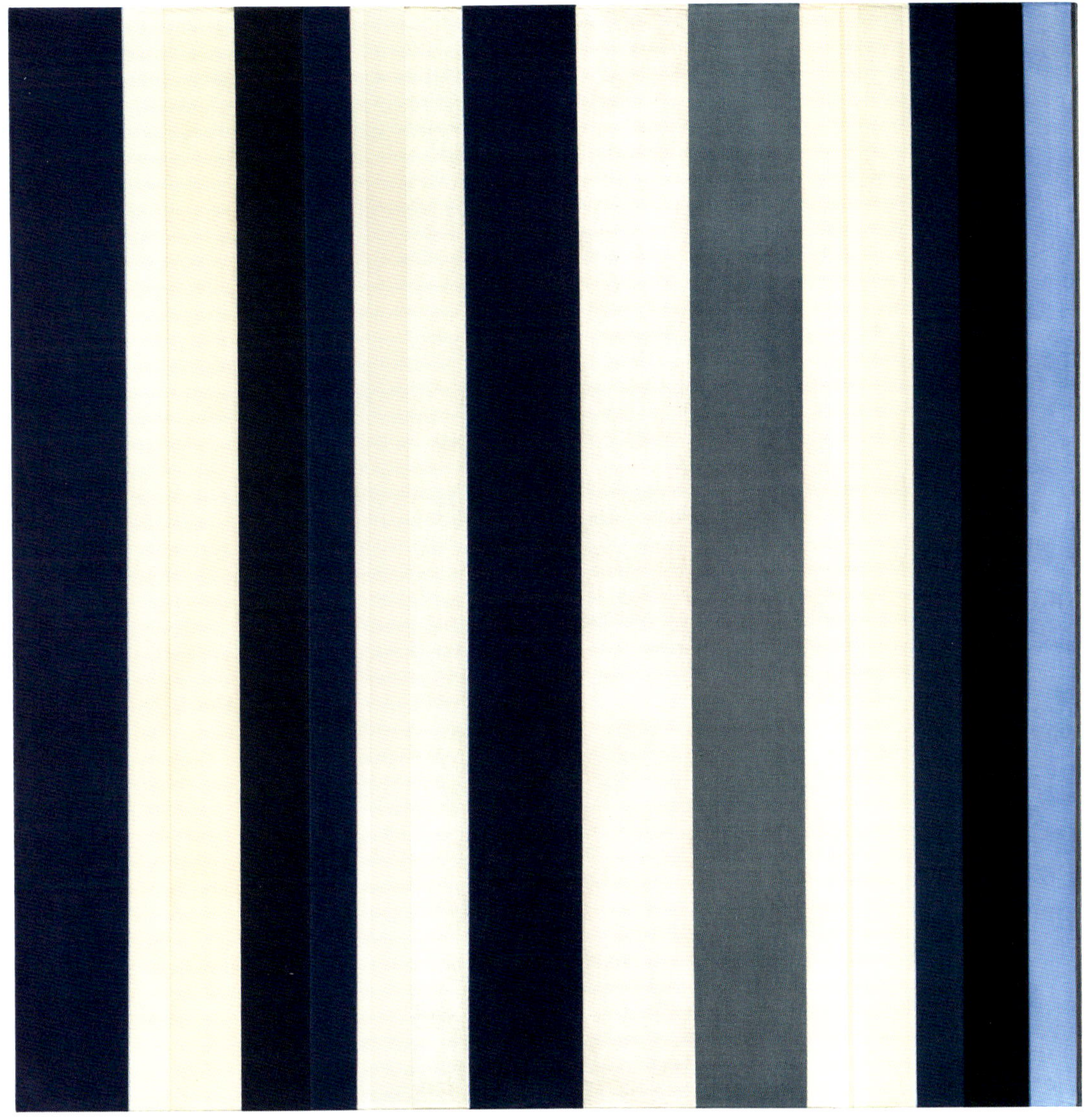

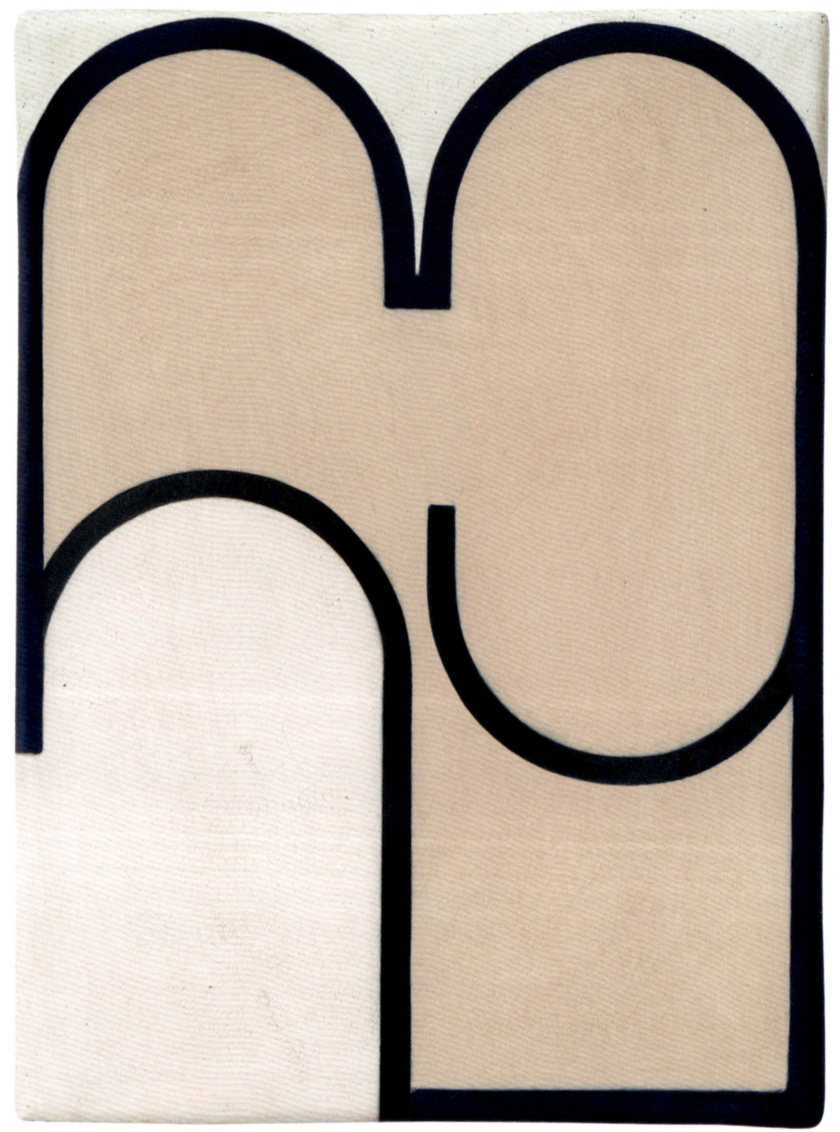

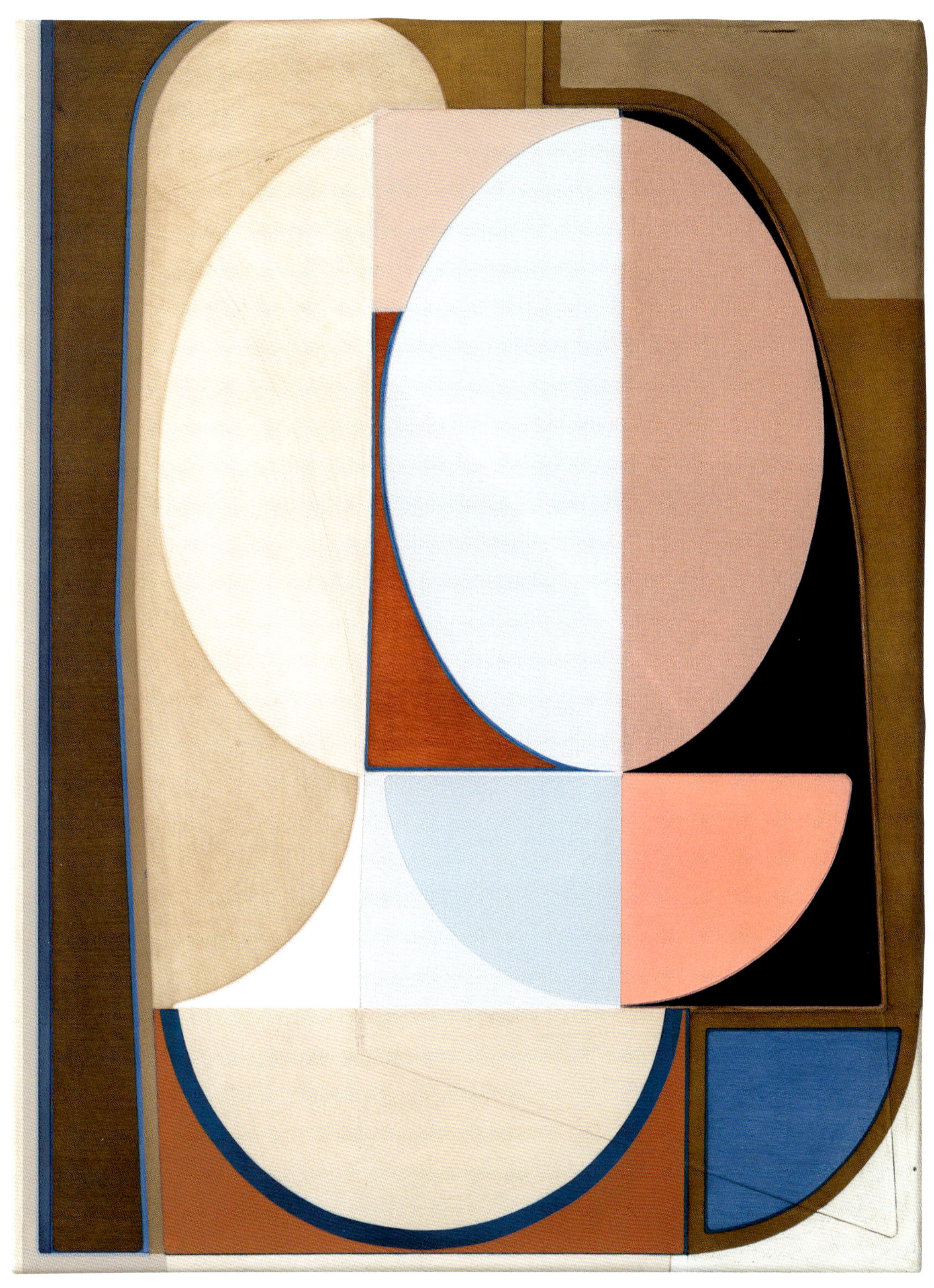

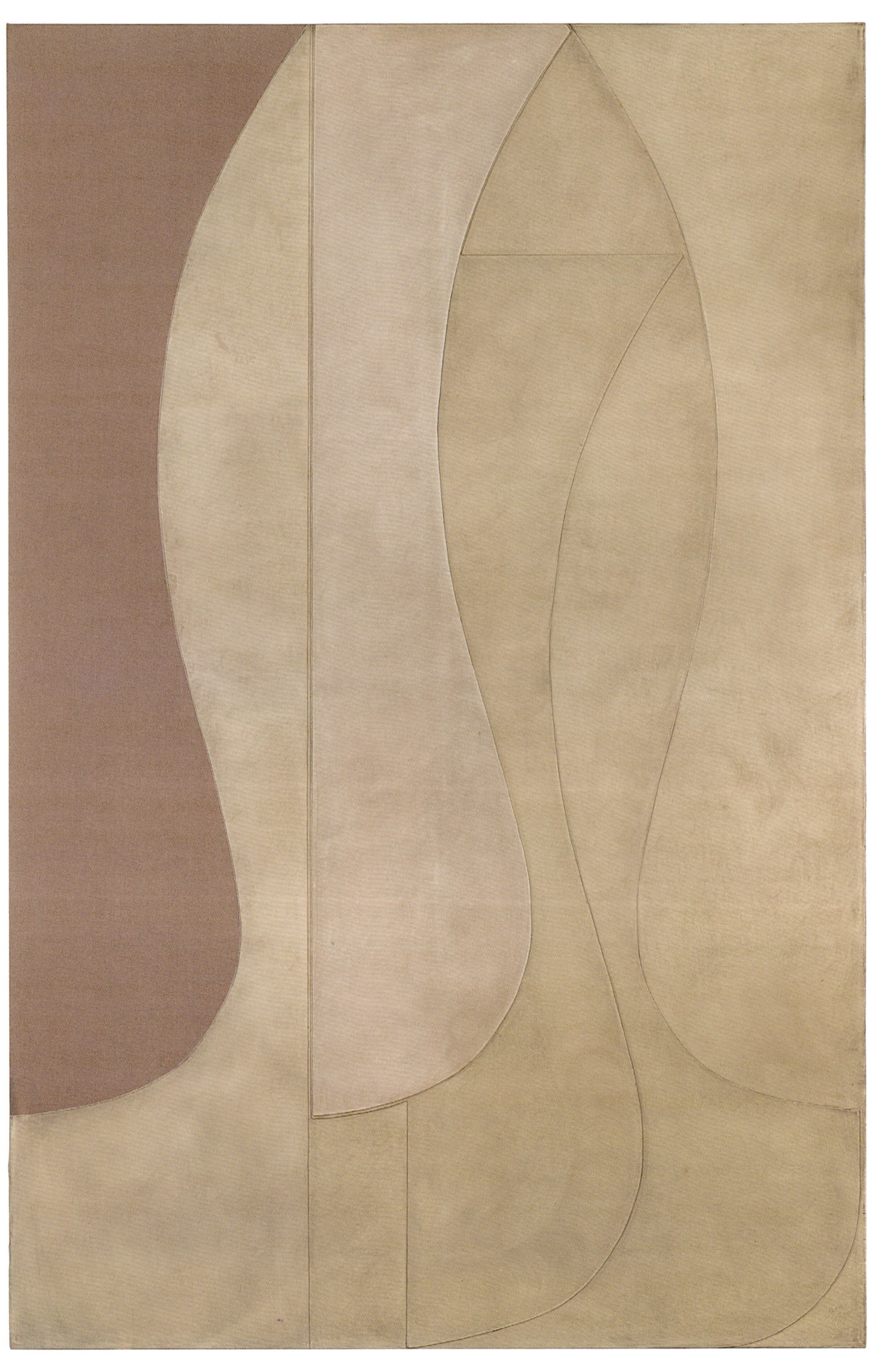

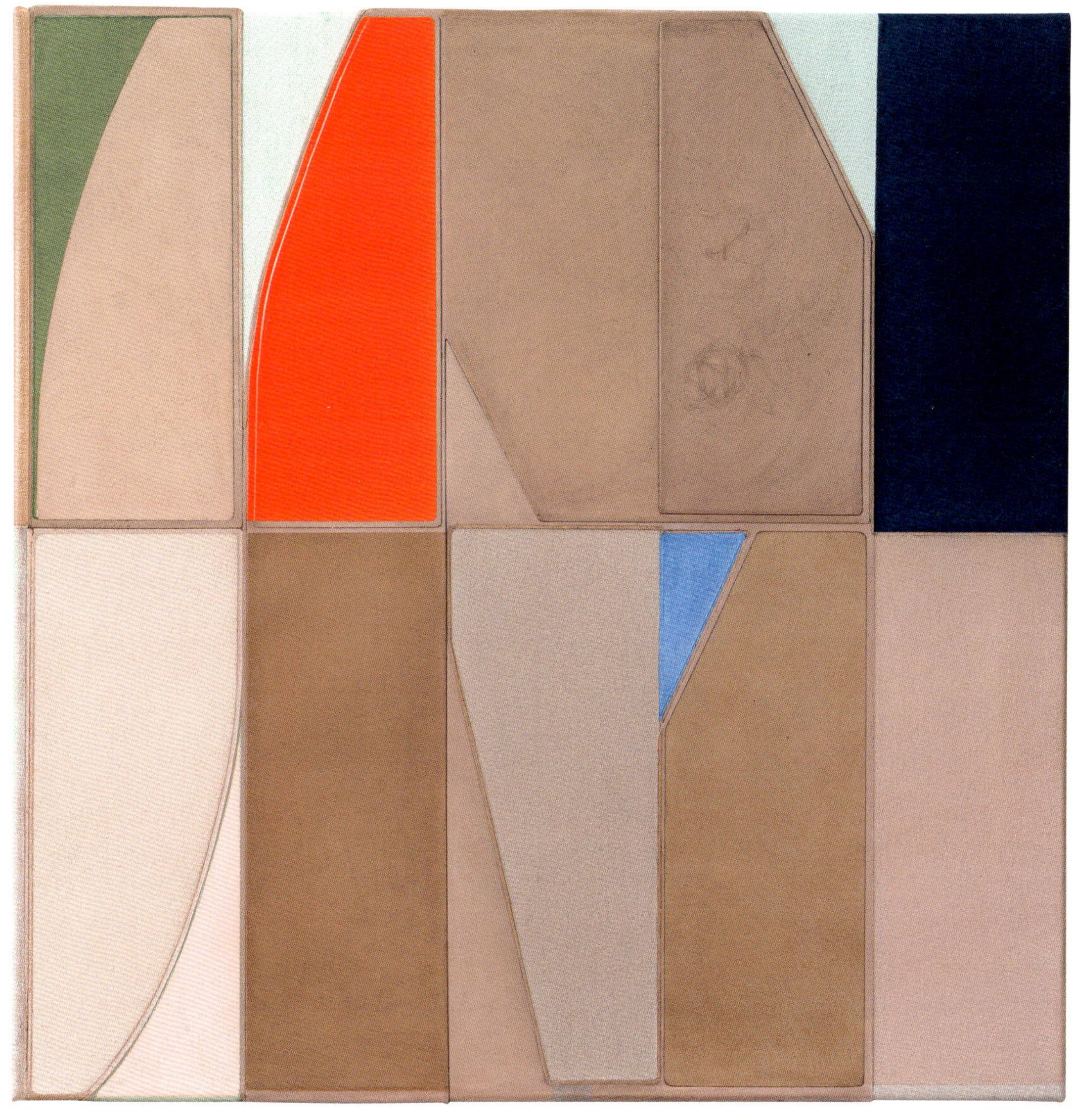

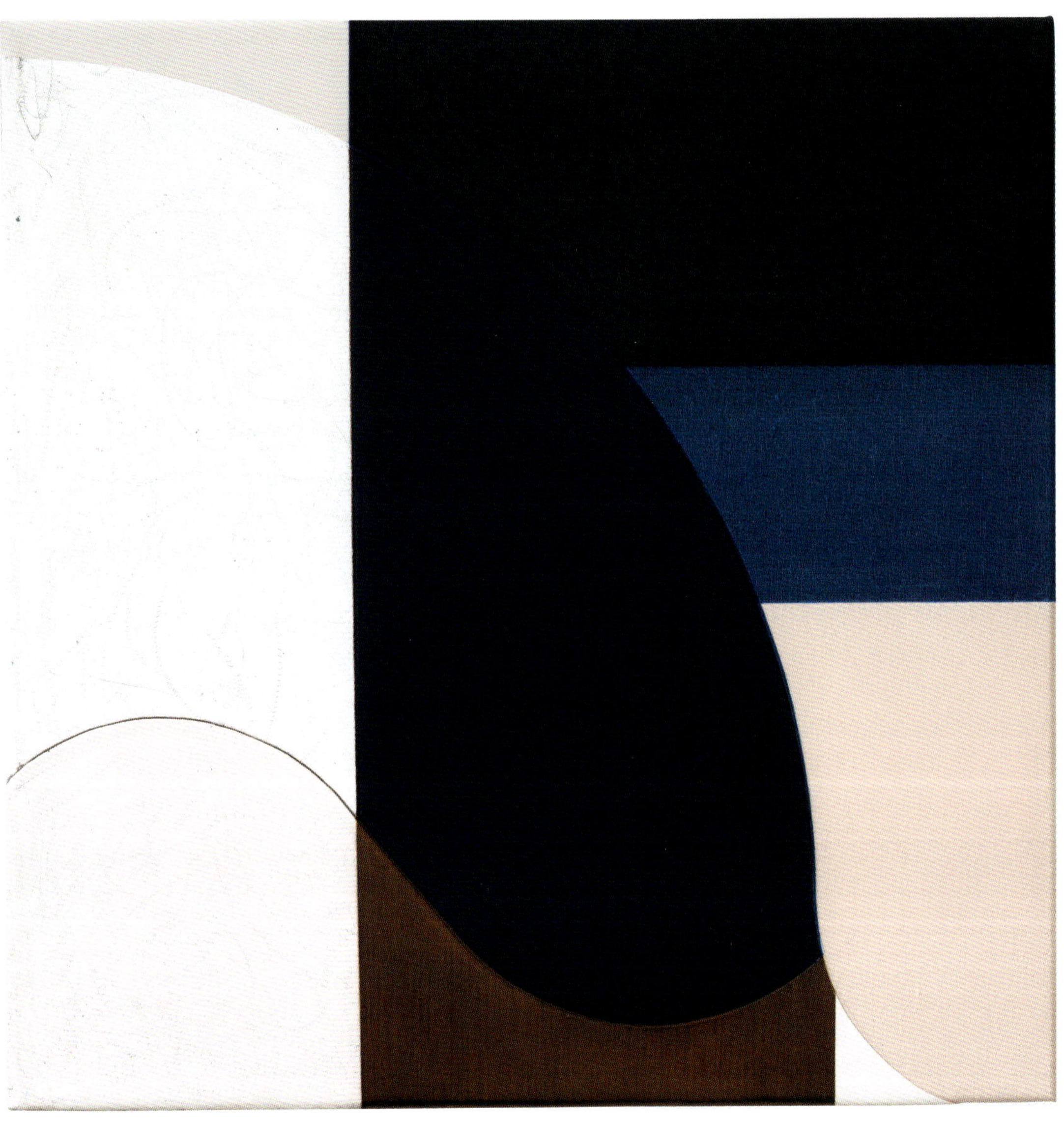

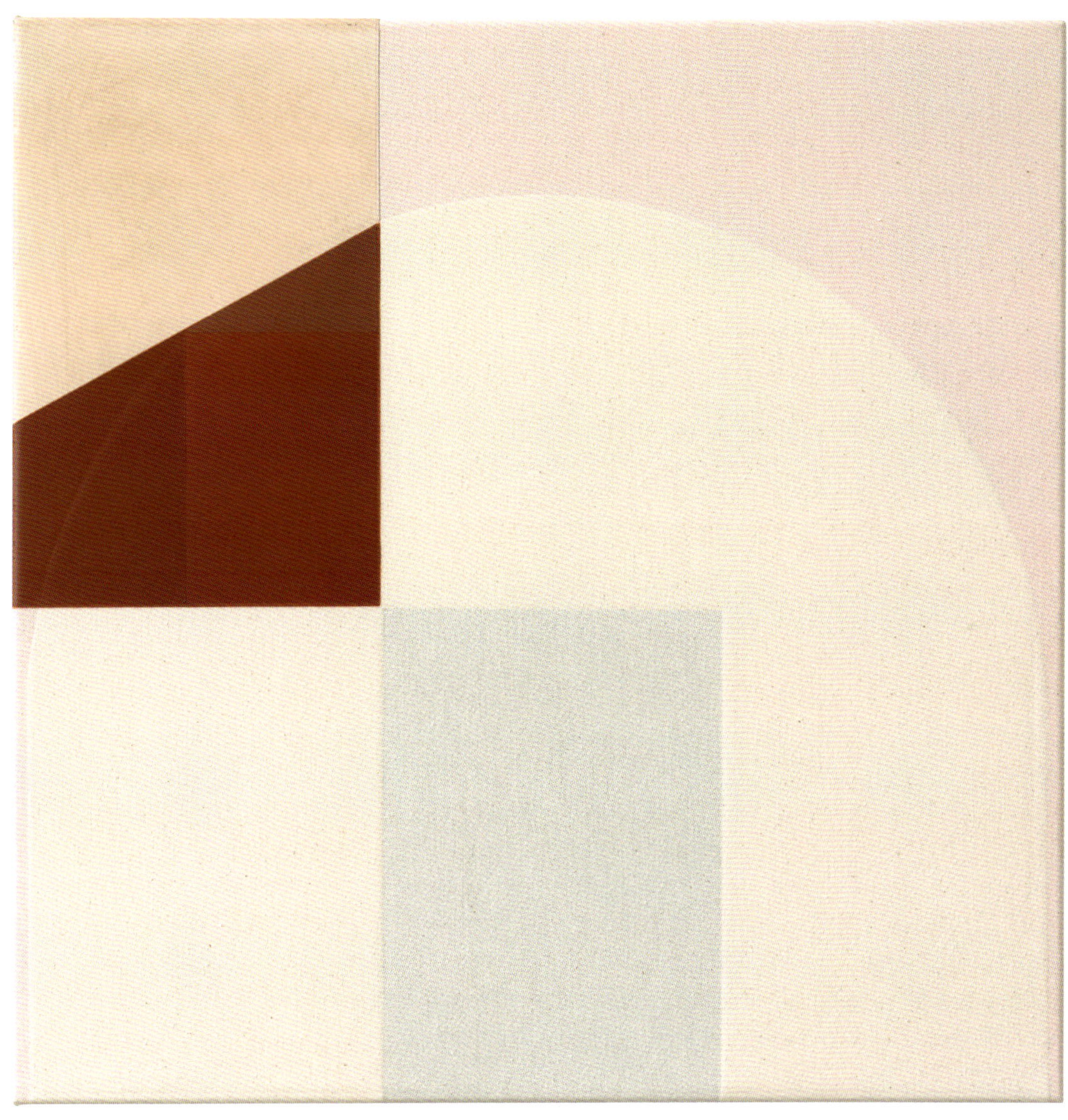

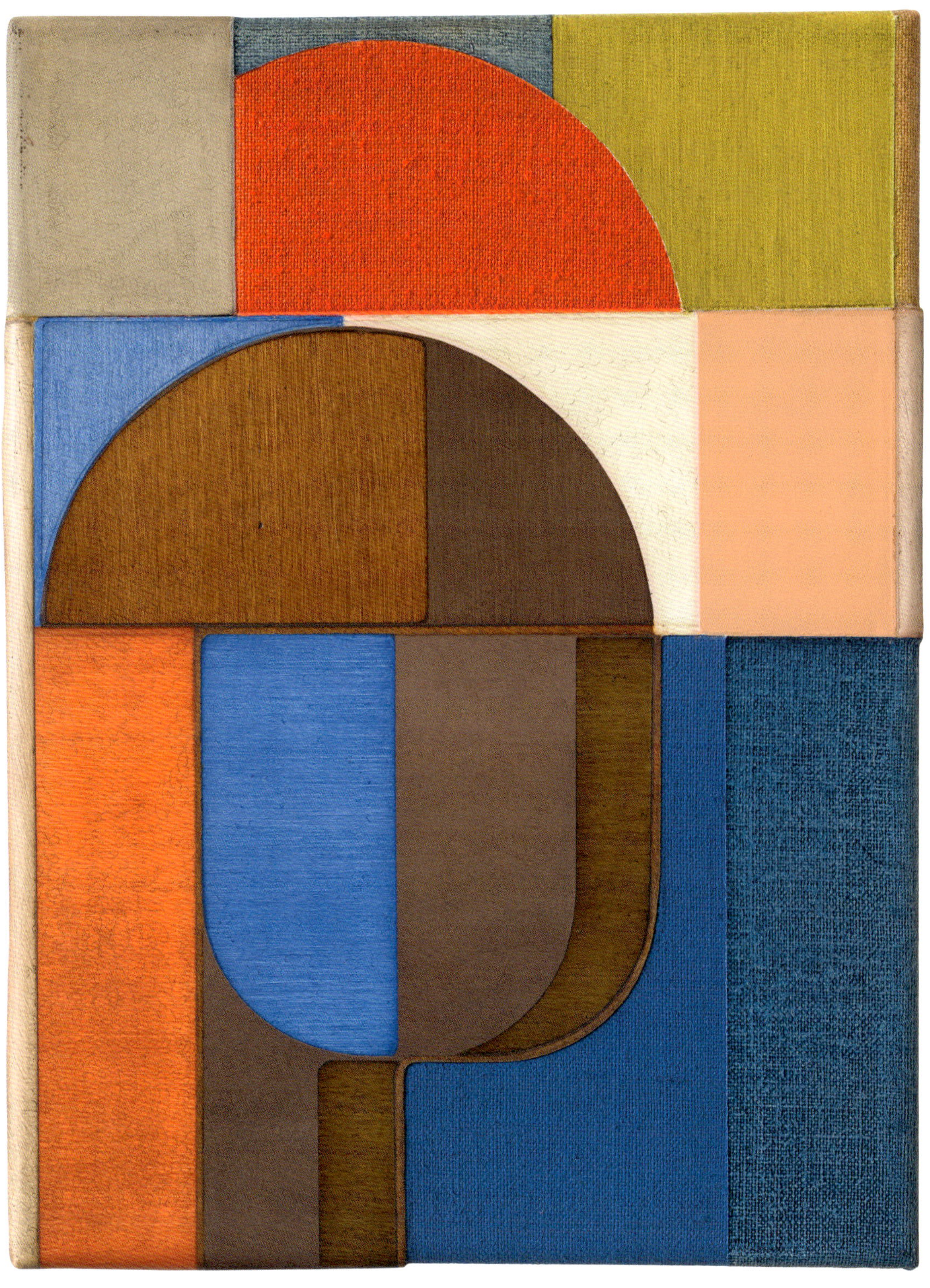

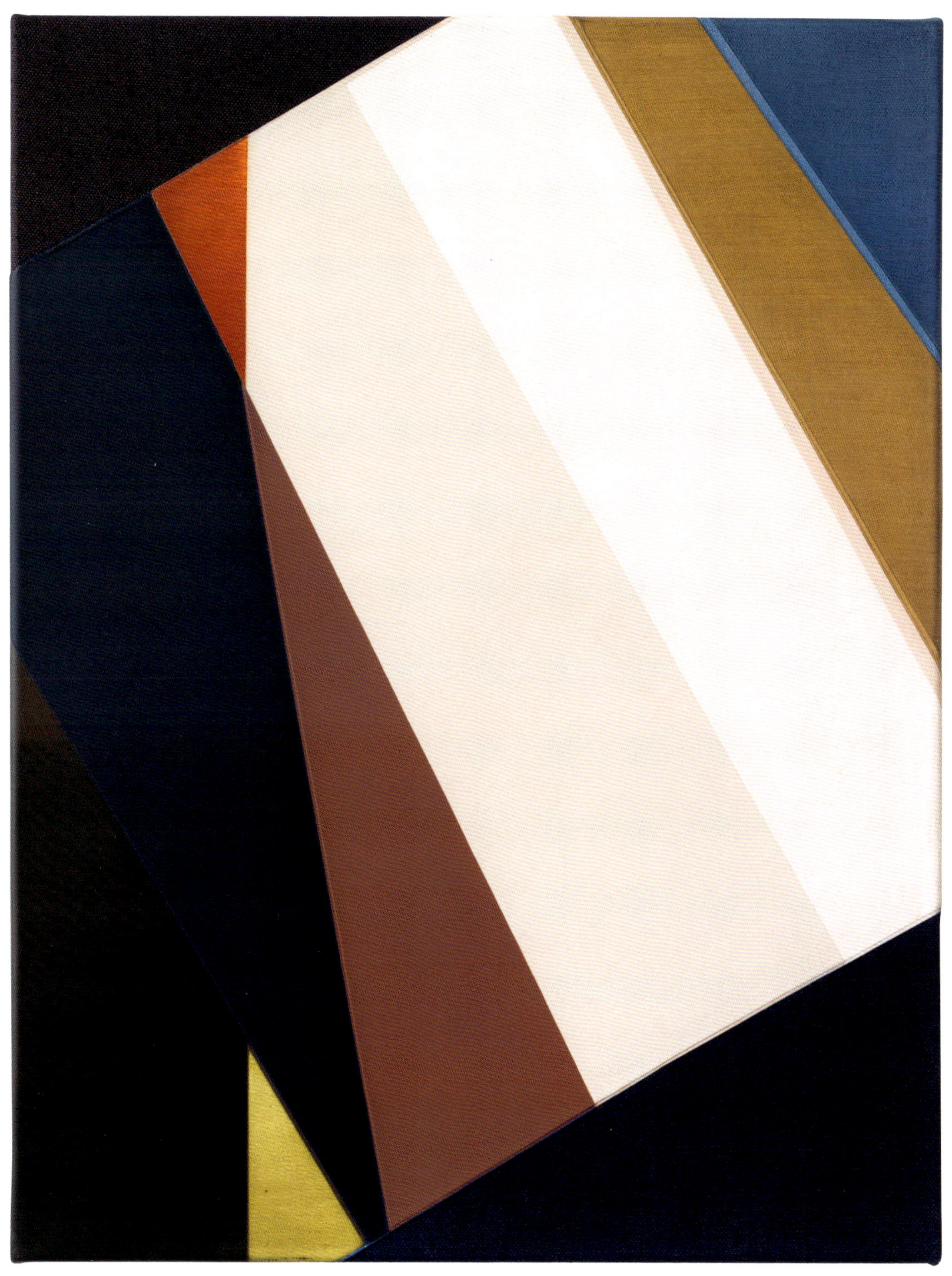

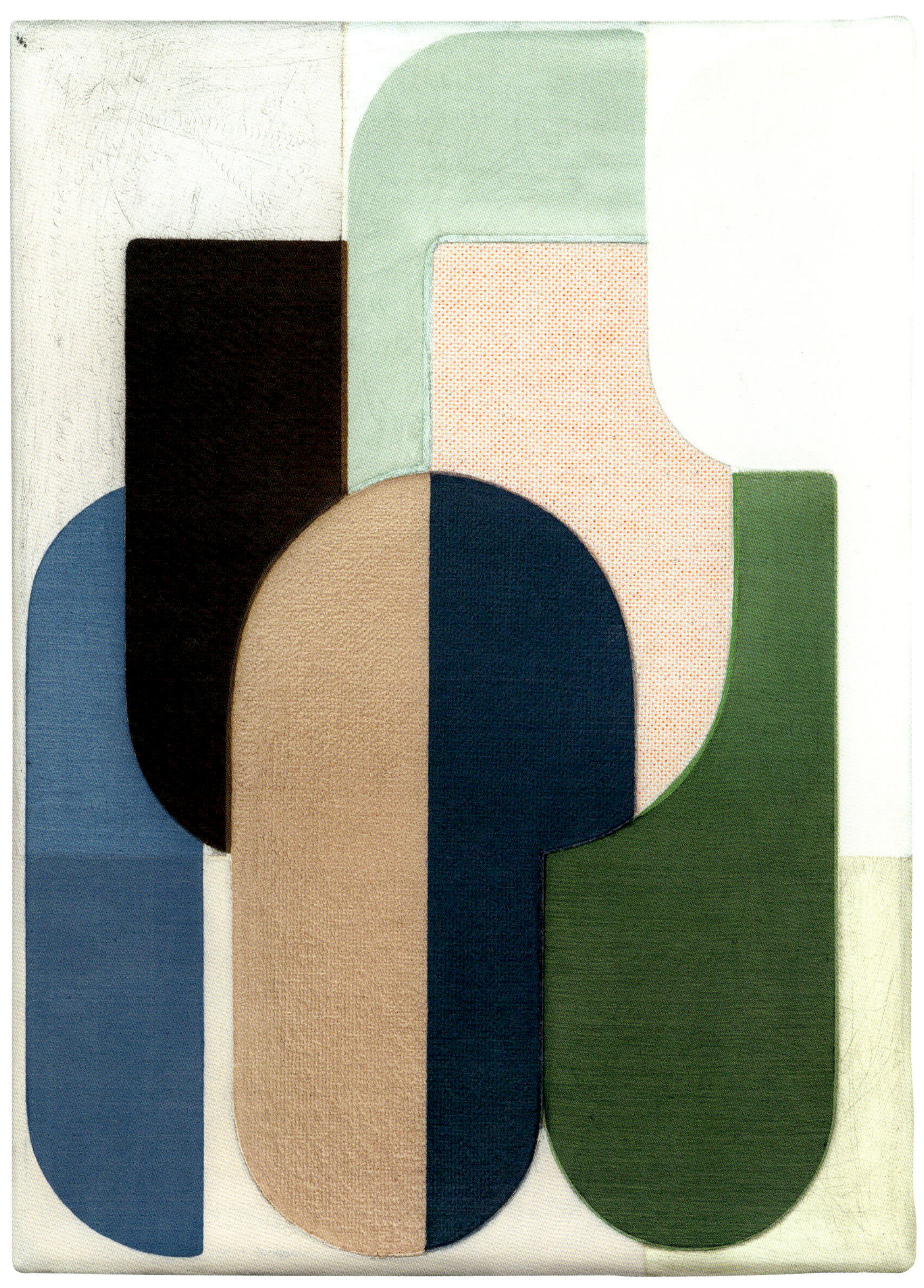

Svenja Deininger
Two Thoughts

These paintings by Svenja Deininger follow a path of perceptual complexity. Hovering midway between figurative and abstract, the Austrian artist's works interweave various elements of a visual thought process built around recollected objects and sudden formal insights. The colours swim up through layer after layer of paint, among geometric segments and more gently abstract modular planes that flow together to create a final surface full of unexpected positive and negative spaces, an interplay of thicknesses and volumes. Process-based though they are, her works are not the result of any pre-established plan, and the only model that they follow is one established in real time, as it emerges. They are a record of movements that progress between real and mental scenarios, evolving urban contexts and undefined morphologies, juxtaposing the fluid planes of real-life experience with the intangible ones of the imagination.

Through this absence of a systematic approach, Deininger expresses her rejection of a strictly rationalist vision of painting. Her rupture with it includes a move away from the principles of two-dimensional literalism that are a cornerstone of the abstract modernist syntax. It is the very structure of her paintings that makes allusions to three-dimensionality, through offset contours, colour fields built up in successive glazes, and stratifications of canvas. Her works become compendiums of tactile possibilities and architectural references, showing that this kind of abstract painting does not avoid dealing with the real world, but rather stems from a more intense dialogue with its contents. The recursive nature of certain shapes suggests a resemblance to concrete materials like wood or elements of decor, revealing a receptiveness to subterranean influences; in recent years the artist has divided her time between Vienna and Milan, two cities that have helped mould her gaze with their tradition of architecture and urban design.[1]

Deininger maps out her paintings within a realm freely based on the processual composition of visual planes, without any self-referential indulgence in regard to techniques, materials, and the way they are combined. The perspective from which she operates is thus much more concrete than aesthetic: she uses the medium to lay out angles of vision that help foster a new and different perception of real-world shapes, focusing in particular on architectural context and the analogies between architecture and thought. Though these elements may bring Deininger into a kind of iconographic proximity to the concerns of the early twentieth-century Constructivist avant-garde, there is a clear difference between them, marked by an aspect that goes deeper than mere distance in time. Deininger constructs her works with an unpredictability that weds the rules of her practice – each painting is the end result of a careful gestation,

[1]
Luigi Fassi, *Second Sentence / Svenja Deininger* (2017).

a series of moments, rhythms and pauses – to her identity as an artist, in which the risk of rigidly dogmatic assertiveness is tempered by a touch of feminism. The forms she chooses, for instance, do not follow a scheme of clear-cut, upstanding autarky, but rather are oblique, inclined, and wavering. To echo the insightful feminist theories laid out by Adriana Cavarero in *Inclinations: A Critique of Rectitude,* one might say that in contrast to the *upright,* vertical posture found throughout the canon of Western thought and culture – an apodictic, self-sufficient one – the geometry of Deininger's paintings favours an *inclination* that seems off-axis, unpredictable, curvilinear. It harbours the potential to envision a more inclusive, open-ended subjectivity, aimed and inclined toward the possibility of an encounter with otherness, uncertainty, and human proximity.

This frame of reference may shed light on the meditative dialogue the artist has recently been carrying out with the work of Władysław Strzemiński (Minsk 1893 – Łódź 1952), a founding figure of Polish Constructivism. Strzemiński pursued an ideal harmony between drawing, colour and texture, striving for an optical dimension condensed into just a few shades and centred on the chromatic sensibility of the painted surface. The picture becomes an ideal, timeless form, a utopia that offers the world an idealized realm from which to draw an inspiring model of innovative, practical action. Strzemiński's aesthetic paradigm – a visionary, hierarchical one – envisages a perfect overlap of aims between thought, image, and picture plane, as if projecting a visual mirage, an asymptotic idea to aim for. The concept of two-dimensional form in Deininger's work is quite different, and this is only partly due to the previously mentioned rippling of the materials, the compromise between projecting and layered elements. More importantly, many of the formats that she employs, whether large or small, make room for a kind of mark that opens up the geometry to include non-perpendicular lines; they converge in varying ways on the planes of the canvas, suggesting a shape that protrudes, exposed, in a vulnerable, relational way. And so for Deininger, painting is not an ontological model, but rather a realm of encounter, along vectors that may be traced by chance and uncertainty: precarious qualities of everyday life that reflect human limitations, and whose whims are embraced by her artistic process.

Likewise, Deininger's art shows the development of a painting to be an act of thought moving through the world. This dimension is both analytical and emotional, based on recognition and intuitive improvisation, memory and engagement. The artist thus arrives at something akin to a form of writing, spelled out through the arrangement of the various works, whose juxtapositions determine the meaning of the pictorial statement. That is why the individual canvases never have titles; rather, the images and variations generated by the artist over the course of the work's evolution are what establish the final text presented to the viewer as a possible vision.

The enigma this artist explores is the riddle of language, the relationship between sign and content, between the formal autonomy of the individual works and their interaction as a whole. What is the relationship between representation and action in painting? Deininger's work is centred on the very act of the painting process, because its ultimate goal is a visual writing where the use of paint comes to resemble the creative act of language. In this sense, the artist's practice can be compared to the paradigm shift found in the philosophy of John L. Austin, which moves from the idea of language as representation to the concept of language as action. Austin's theory of speech acts, laid out in *How to Do Things with Words*, is founded on the premise that an utterance not only conveys content, but can be a genuine action in the communicative sphere. Pointing to the impossibility of clearly distinguishing between the spheres of description and action in language, Austin demonstrates that every saying is also a doing, and that assertions have a true performative power.

In pictorial terms, this shift from the cognitive dimension to the realm of action can also be found in Deininger's images, which are not academic allusions to the history of abstraction, but rather a language that tries to absorb the potential forms of the world in order to reinvent them, rewrite them, and let them channel a concrete experience of reality. If stating a phrase is not enough to generate a complete discursive meaning it is because – the artist tells us – a progressive, ongoing effort of development and clarification is necessary. "Two thoughts" are always needed to open up new cognitive horizons, to lead painting to a moment of revelation that will renew itself over and over in the observer's gaze.[2]

Deininger's compositions show us that every personal experience becomes reality by manifesting itself first as perceptions, then through elaborated linguistic forms. Body and language thus become nets cast out to capture experience, offering a shared basis of expression for a wide range of personal sensations and experiences. In *The Nature of Sympathy*, German philosopher Max Scheler wrote that it is the *creators of language who shift the boundary of the unsayable and invisible*, moving into unknown realms of experience and suggesting new ways of feeling and perceiving alongside the familiar ones prescribed by convention. It is hard not to see this idea as including the actions of art. And so if we extend Scheler's observations to the field of aesthetics, we see that art allows, to use his terms,

a *gradual conquest of the realm of intuition* – the internal one
of perception, and the external one of human constructions
in this world, whether social or material. Art reveals possibilities
of being that can be arrived at only by looking at existence from
other points of view, expanding our perception of self and reality
through new forms, words, and expressions. Seen in these terms
of relational empathy, Deininger's works are like composite
samples summing up a new way of understanding perceptual
experience in this world, through channels and instruments that
are constantly reinvented according to the artist's grammar
of construction. And so the geometric revelations of her
paintings – their spaces and forms – conjure up a specific idea
of personality before the visitor's eyes: it is an action performed
as part of a mission (a conscious, well studied rendering
of reality) that is always connected to her ultimate values
(an inclusively concrete, non-metaphysical vision of painting),
and springs from a well-pondered personal decision (art as
a rigorous discipline). When these conditions are met, an artist
becomes, without even intending to, a *Persönlichkeit*,
a personality. To echo the words of Max Weber at the end
of *Science as a Vocation*, she has found the daemon that holds
the threads of her life and learned to obey it, carrying out the
daily task that it sets her.

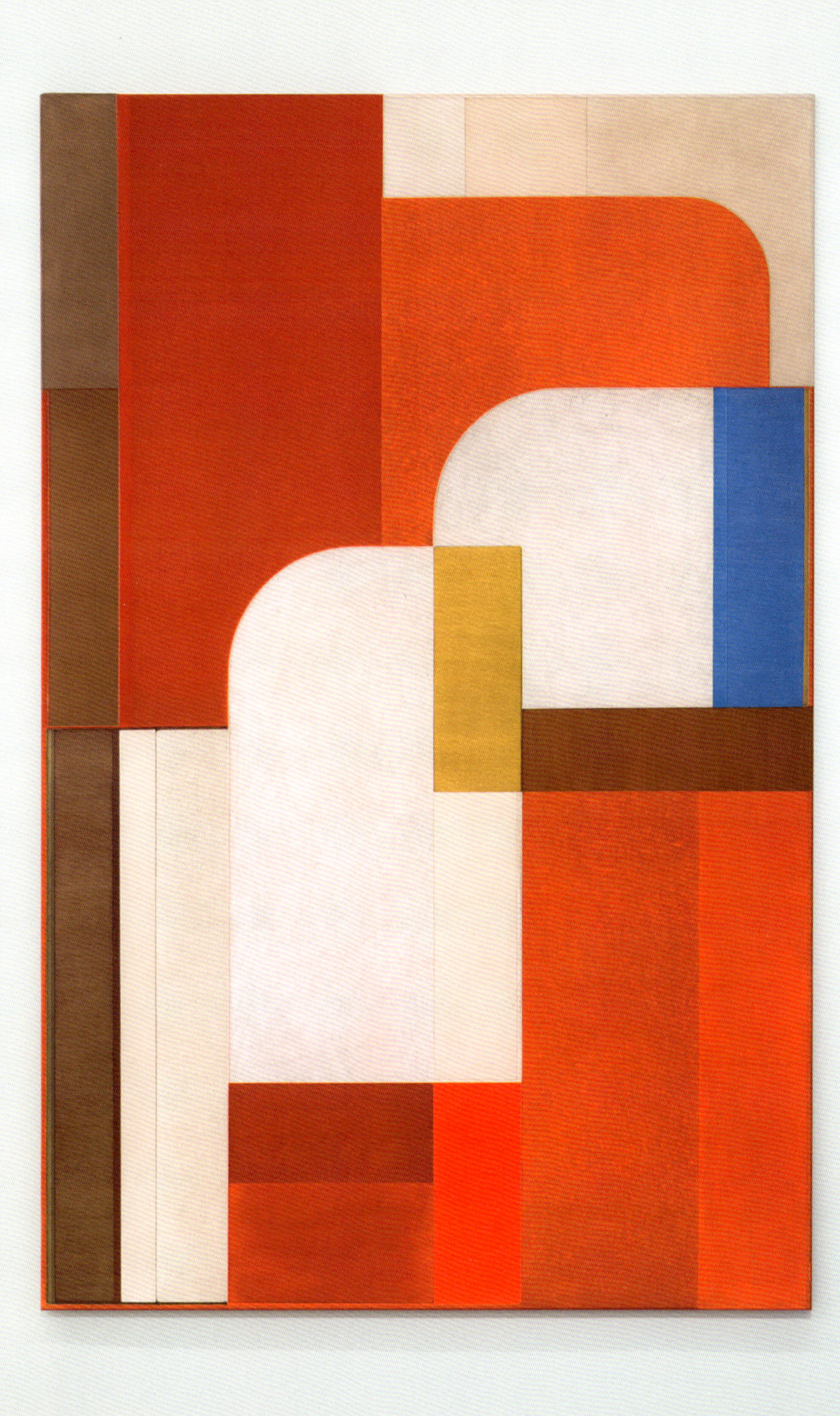

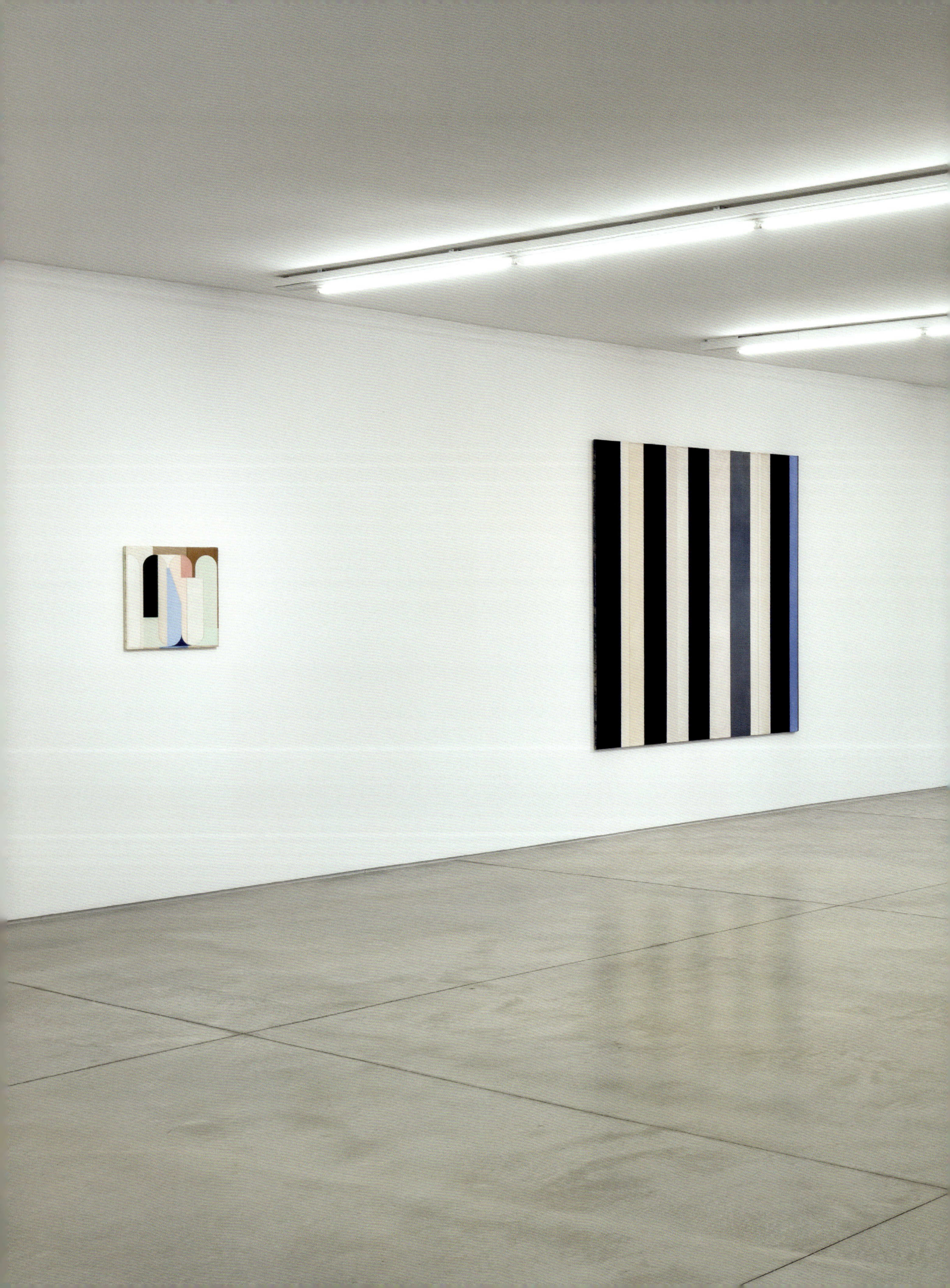

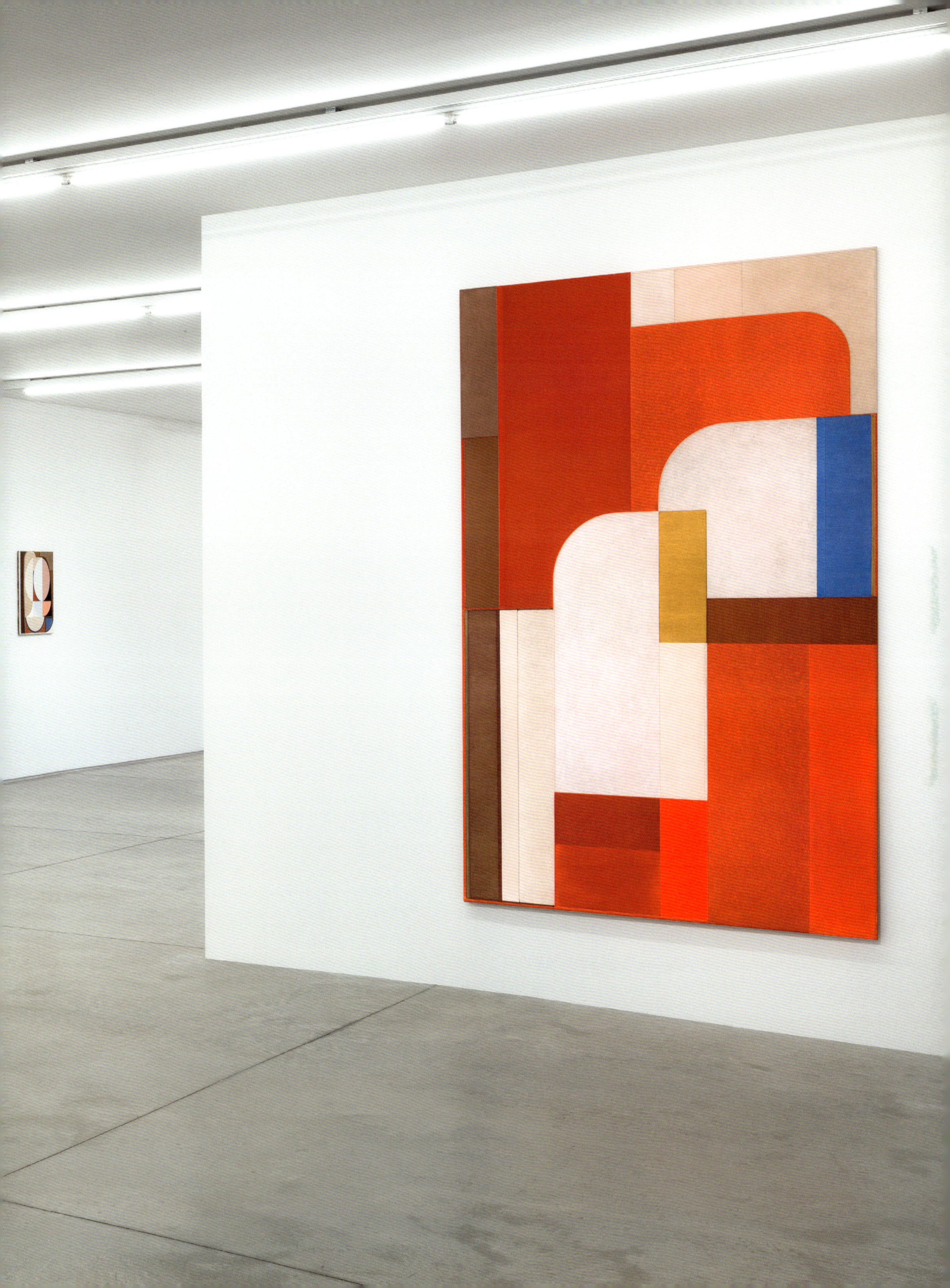

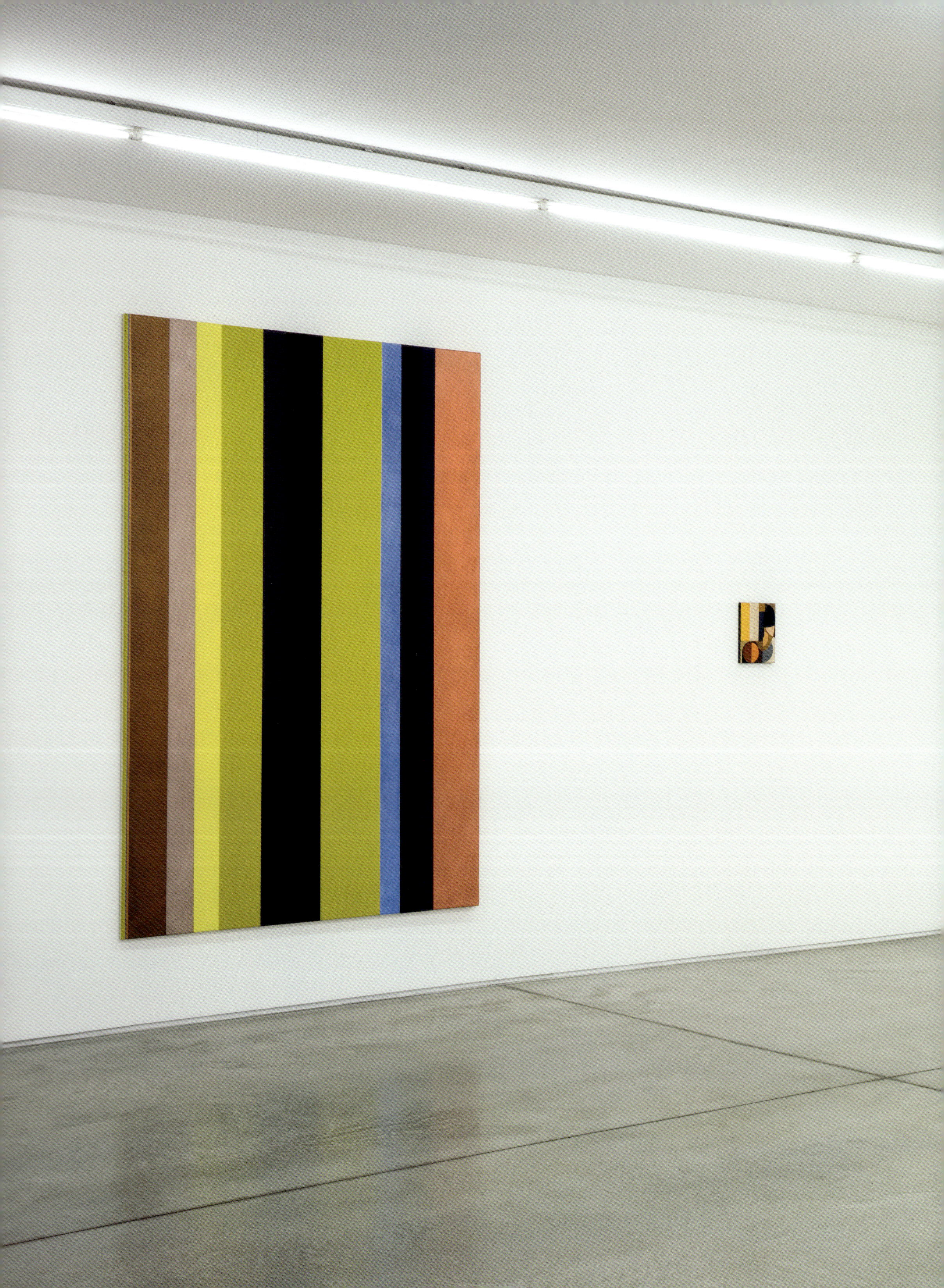

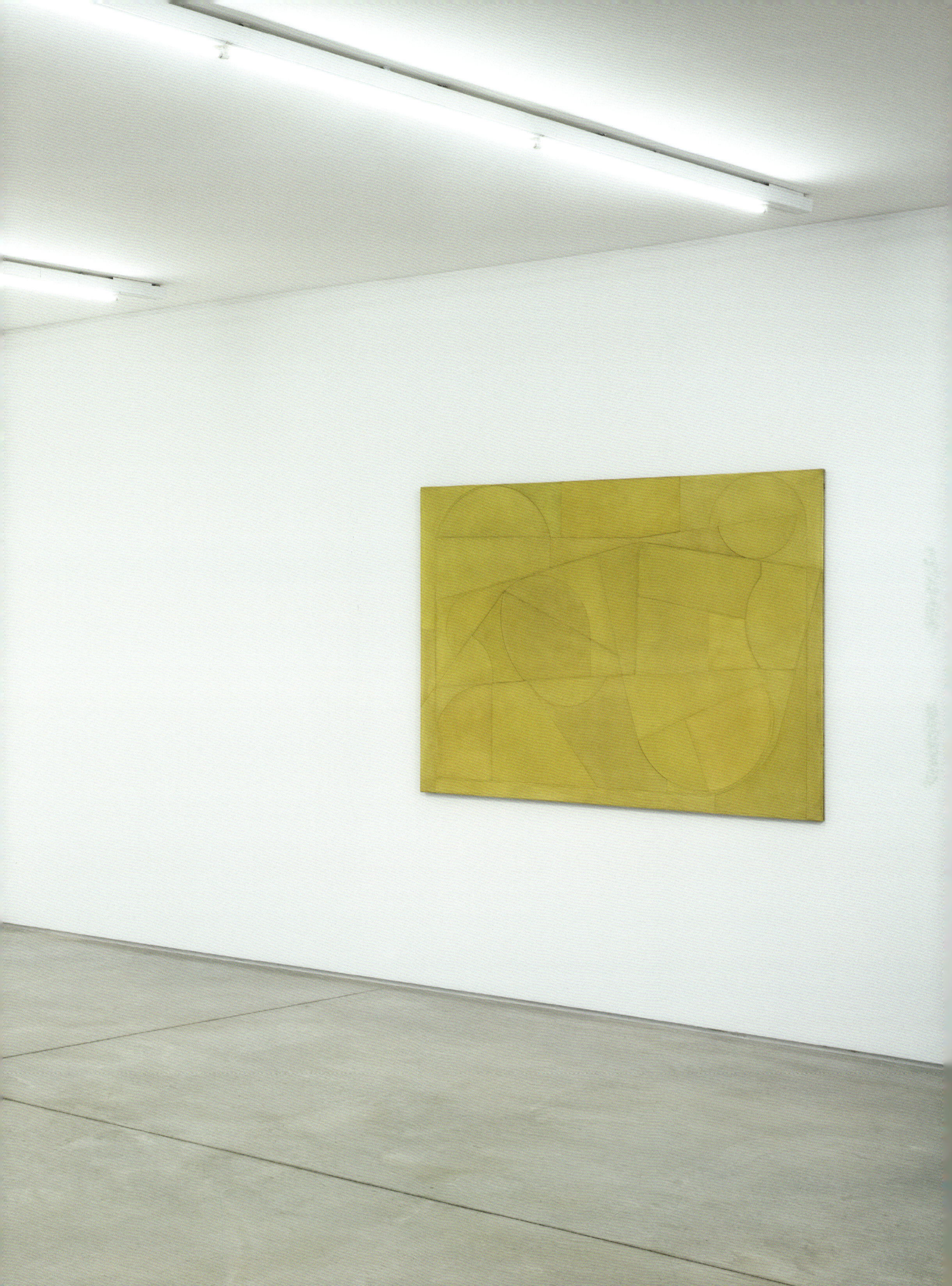

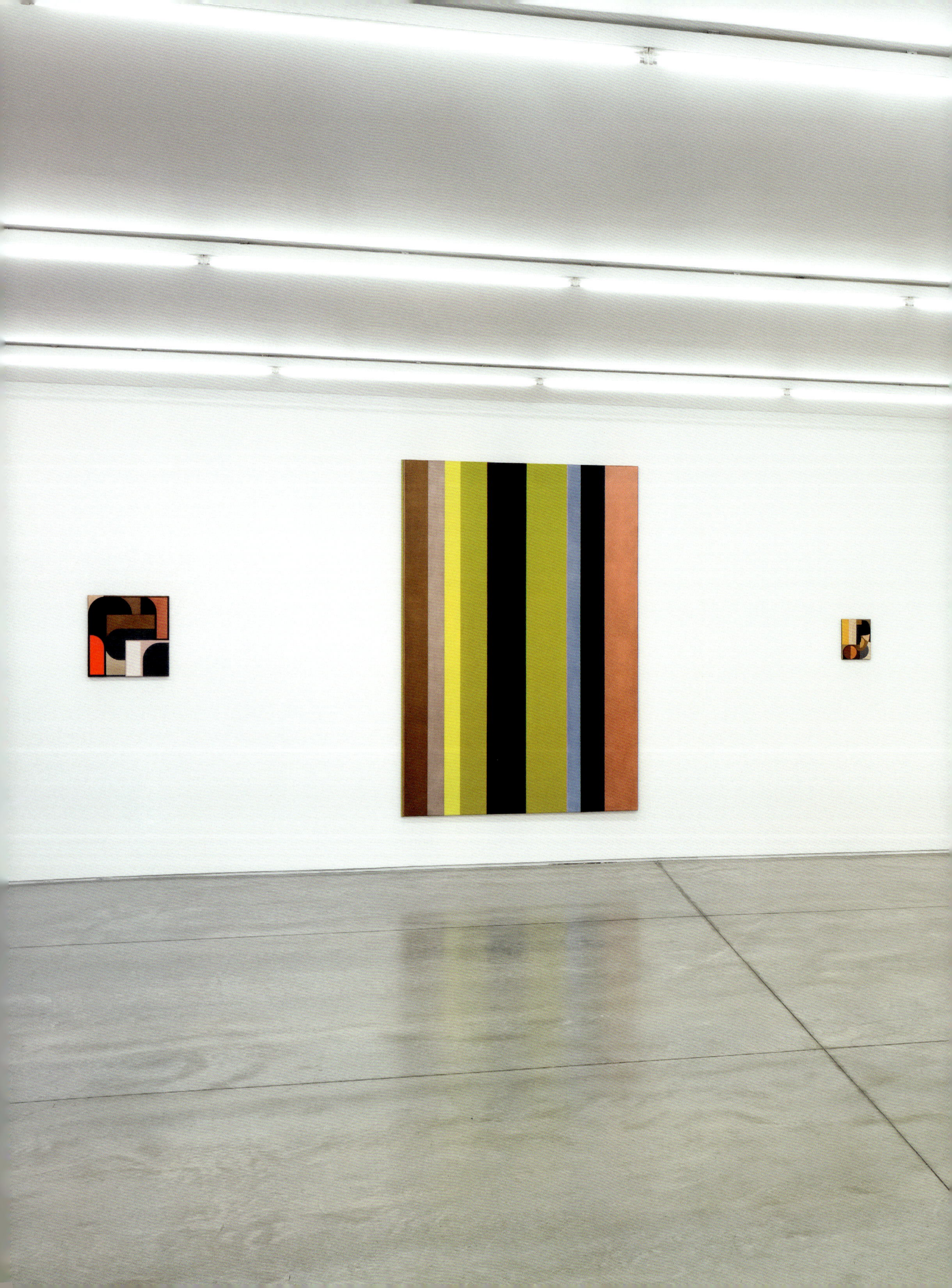

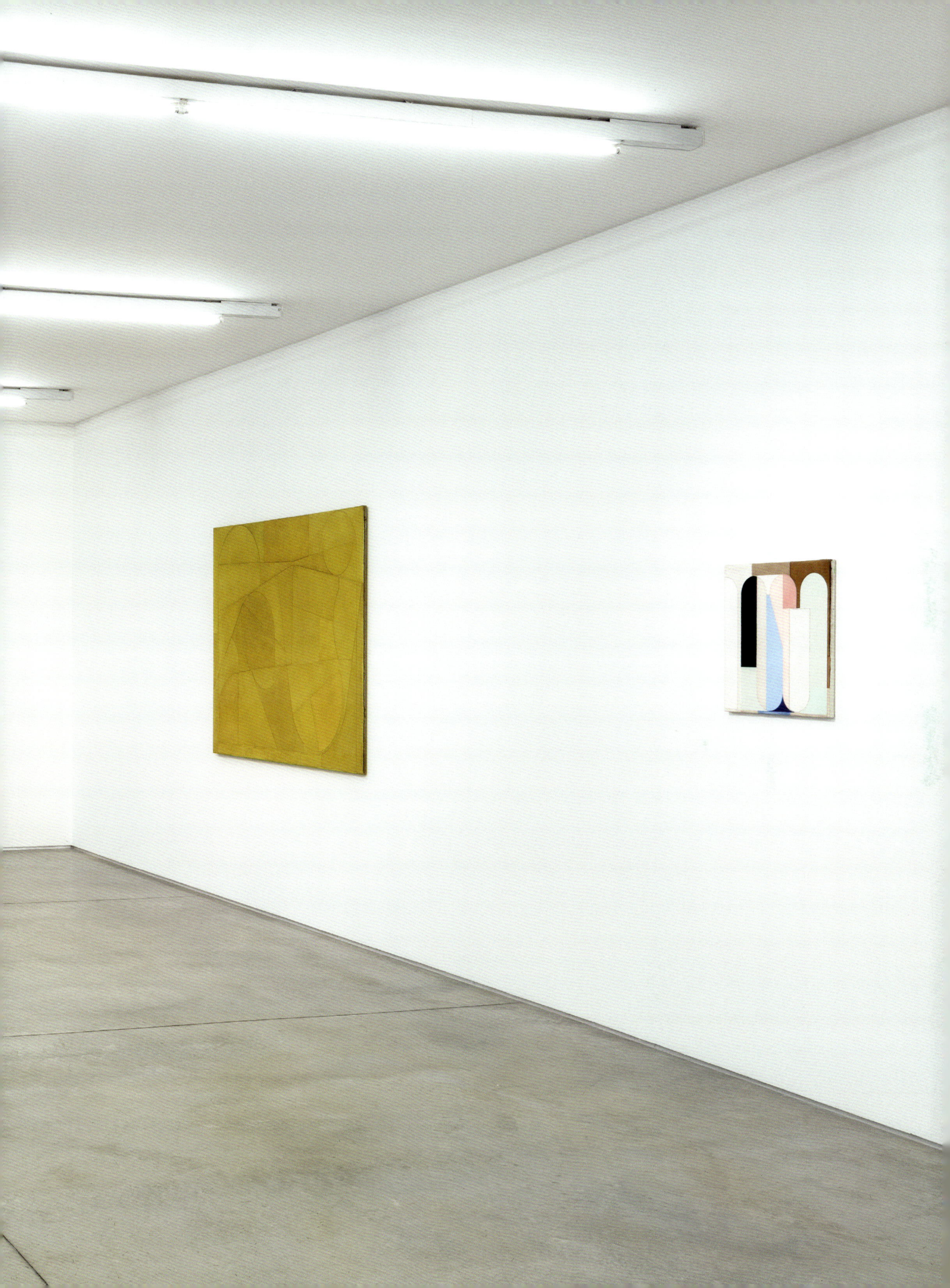

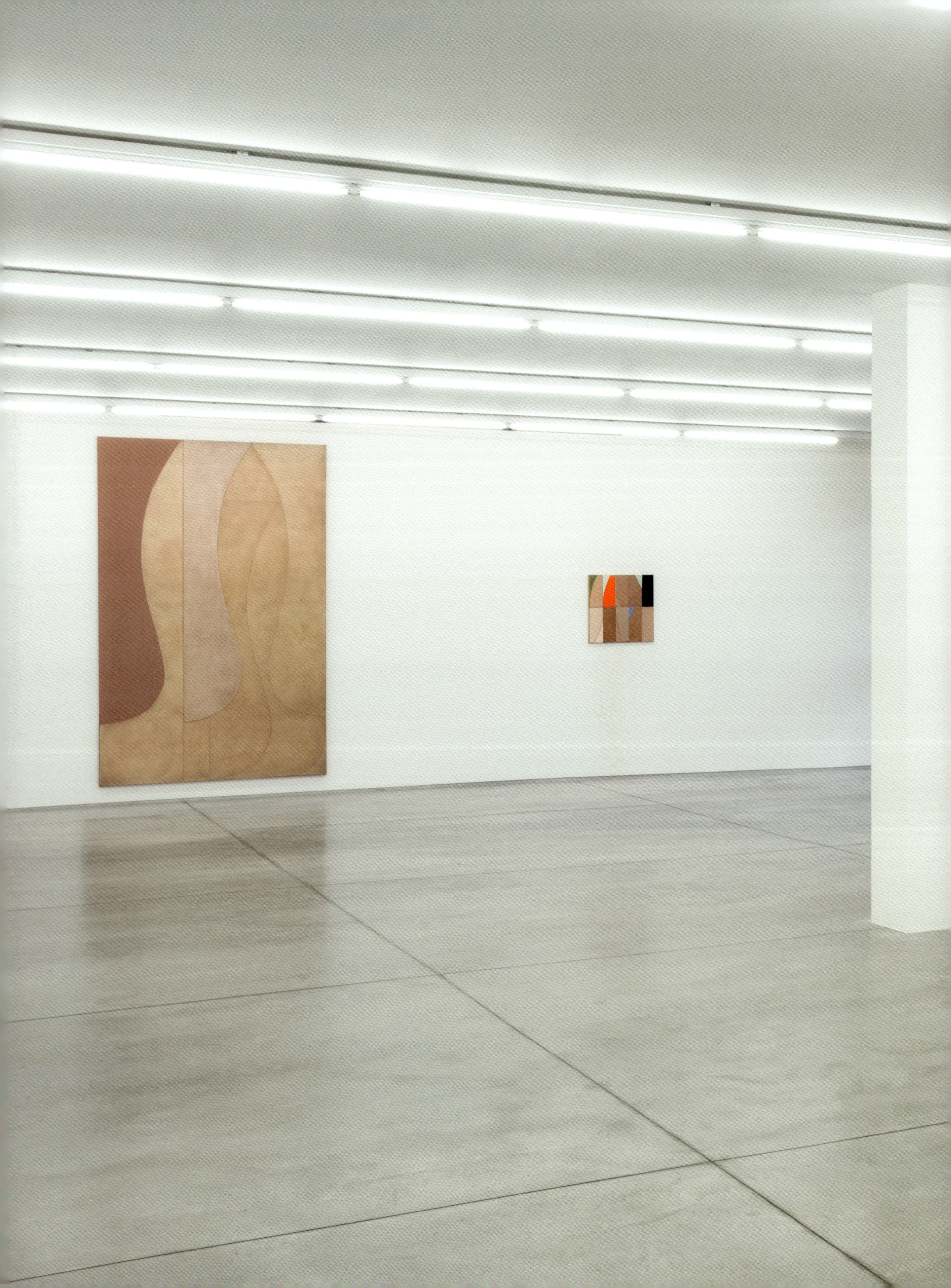

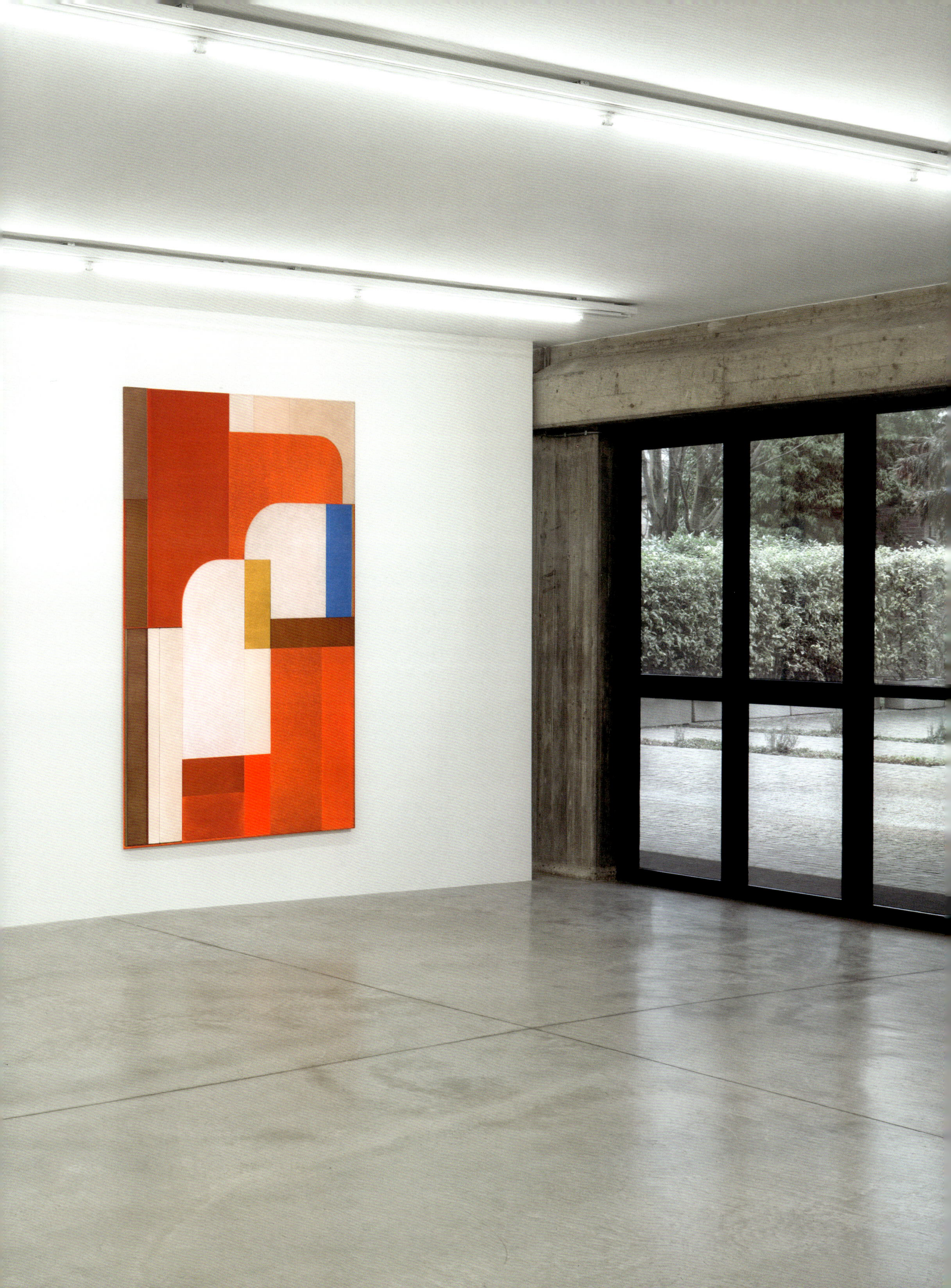

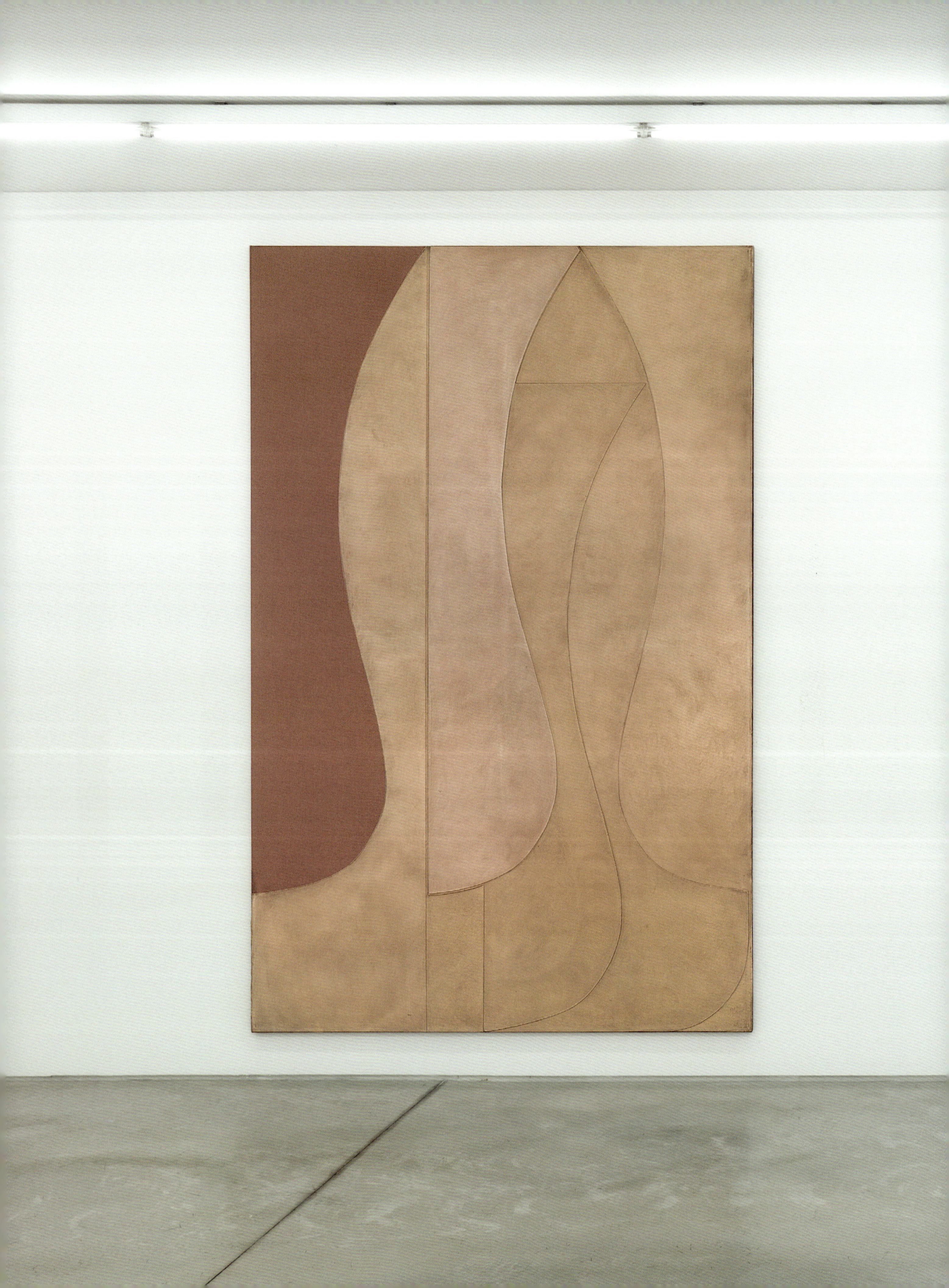

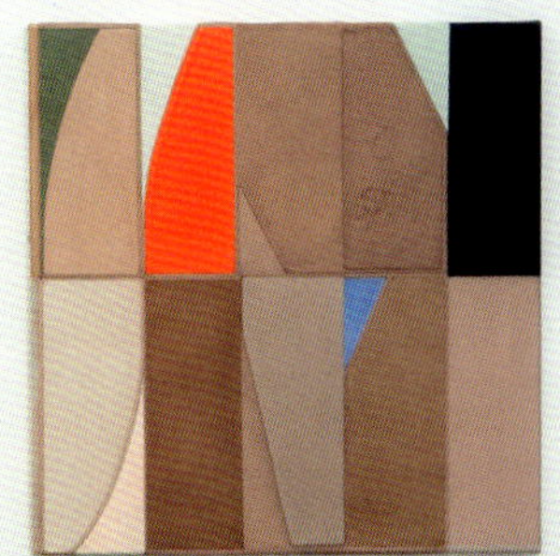

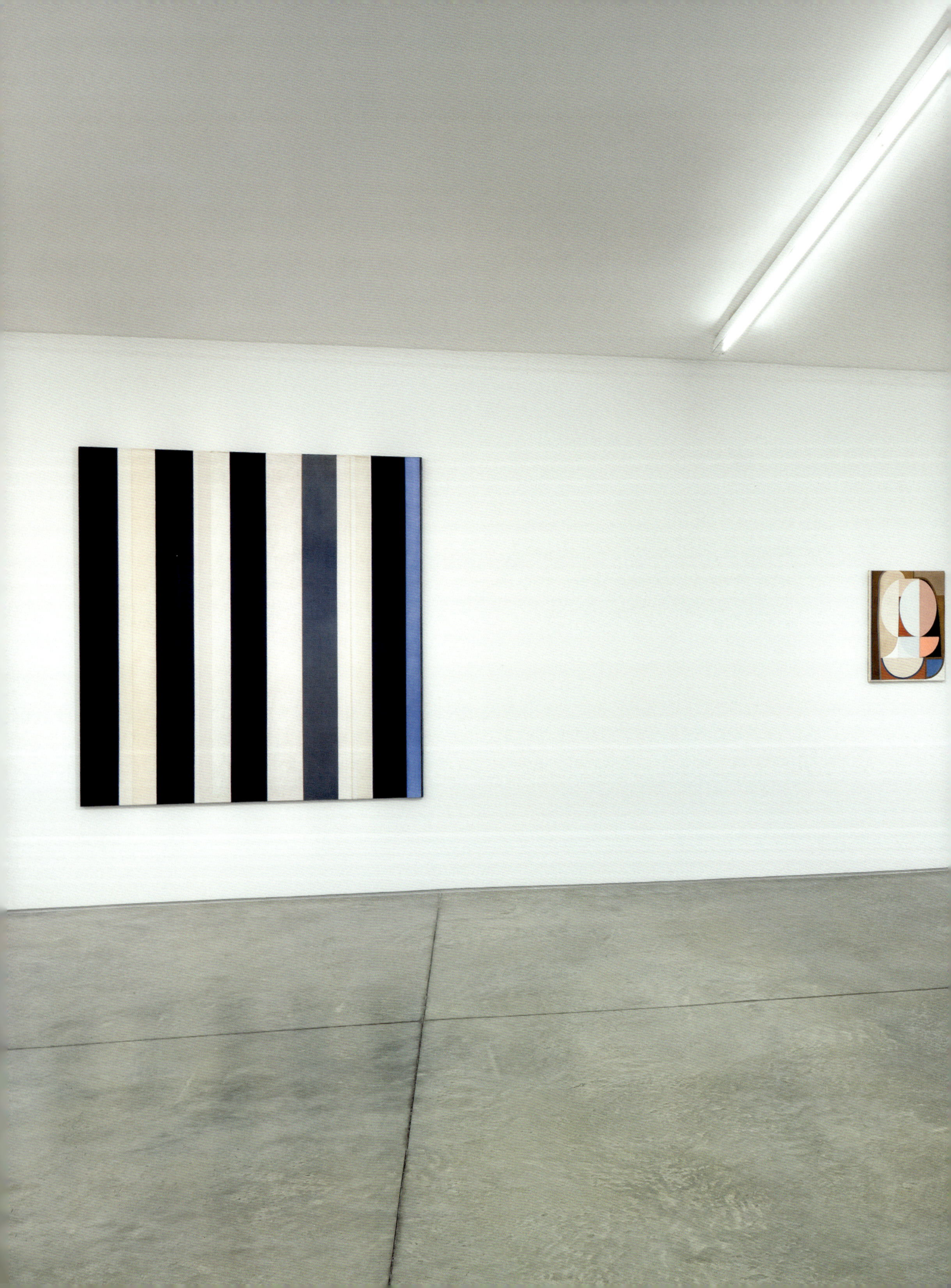

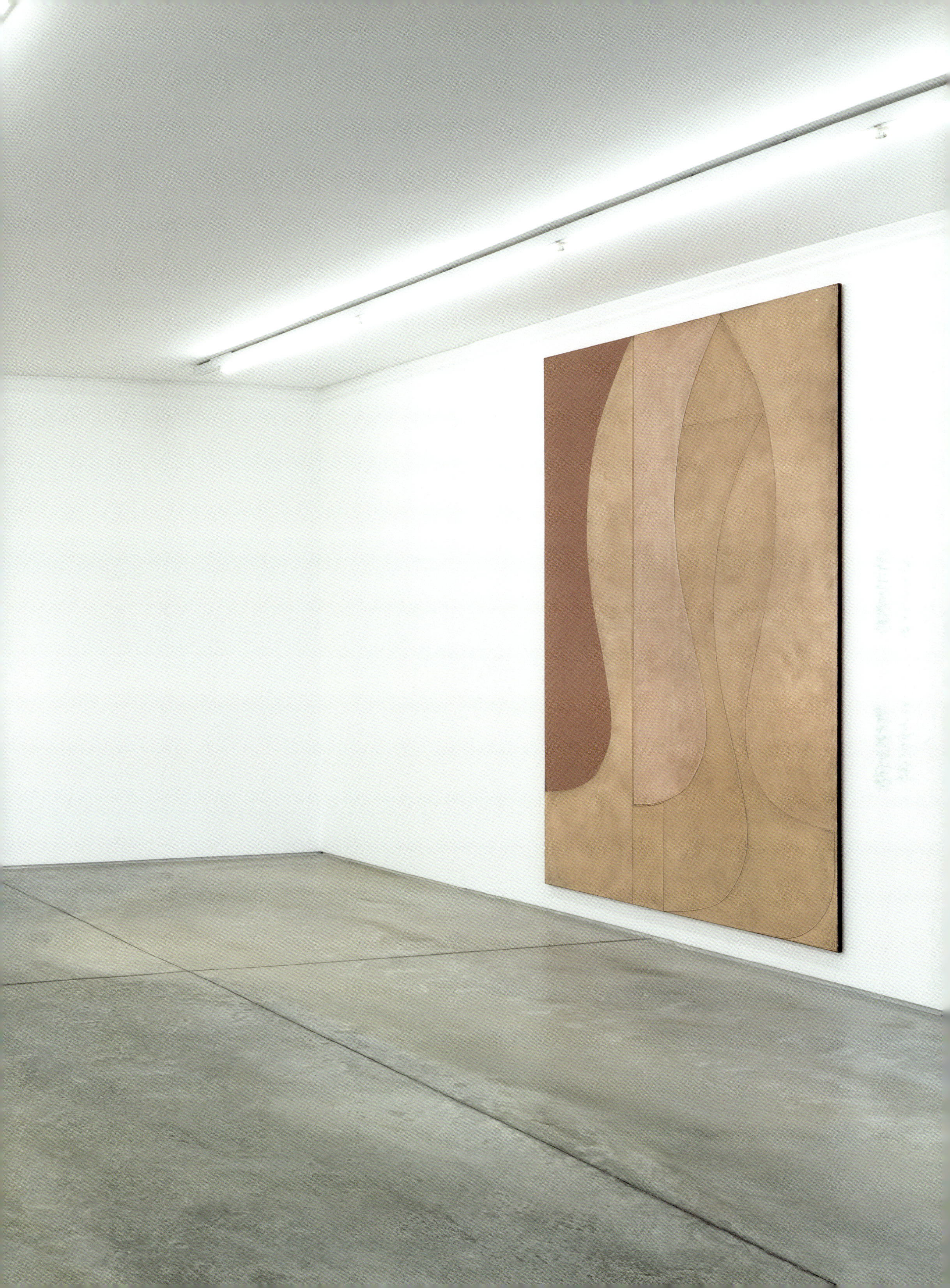

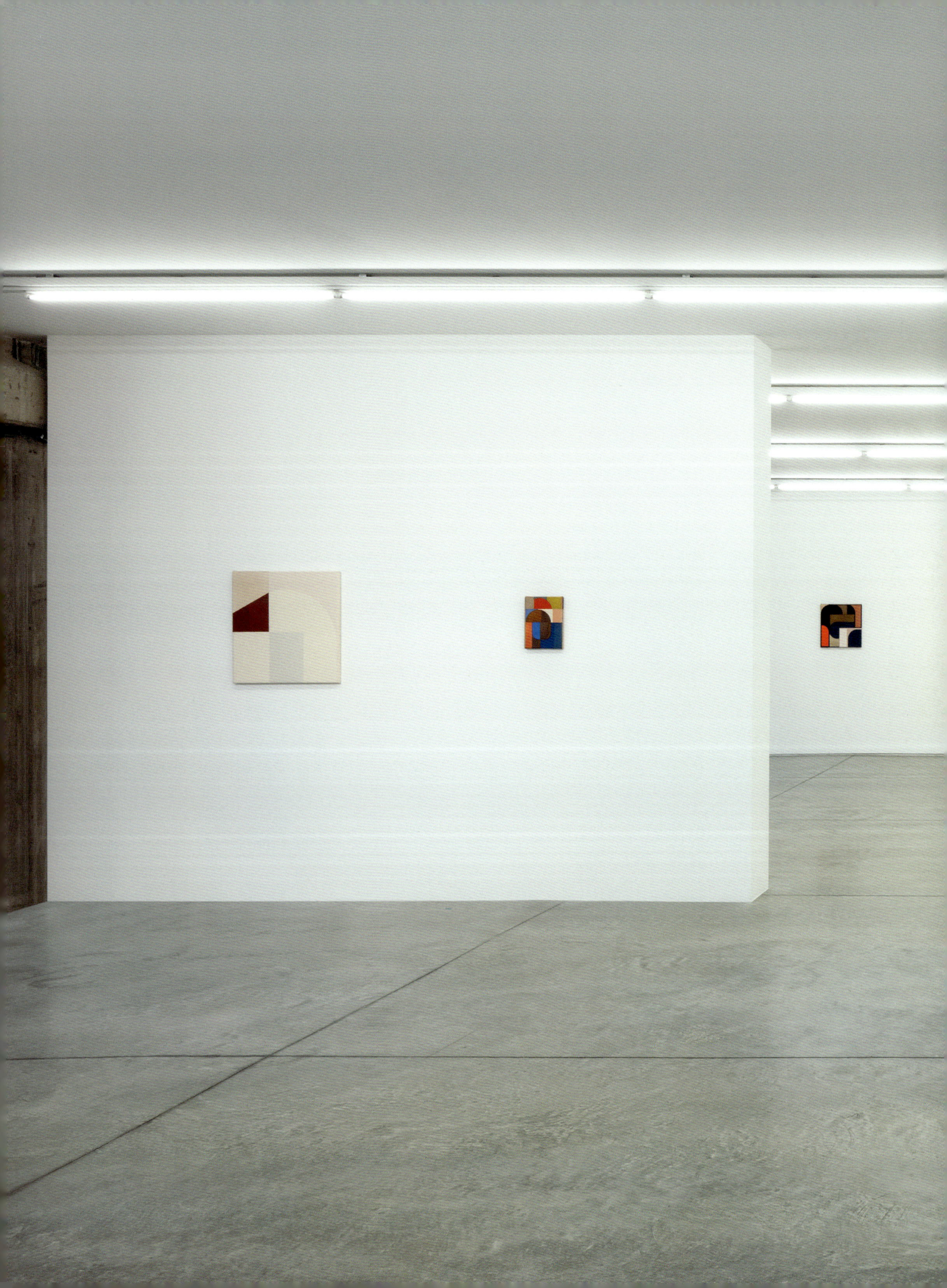

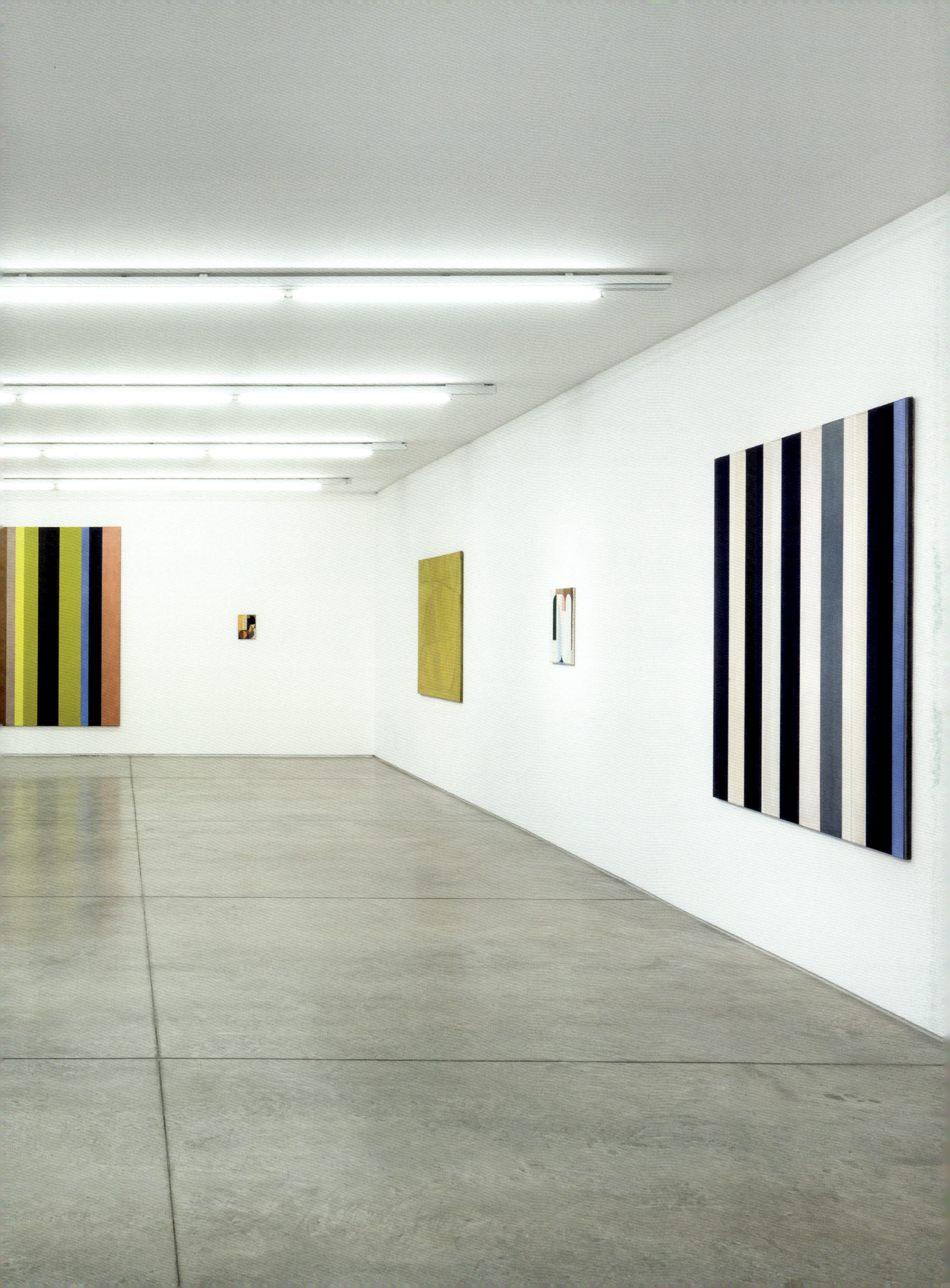

Astrazione come nuovo realismo: le Composizioni architettoniche di Władysław Strzemiński

Le *Composizioni architettoniche* di Władysław Strzemiński furono create tra il 1926 e il 1929, parallelamente alle *Composizioni uniste* realizzate tra il 1923-1924 e il 1934. Insieme a queste ultime e alle *Afterimages*, dipinte solo dopo la seconda guerra mondiale, le *Composizioni architettoniche* possono essere considerate le espressioni più distintive delle teorie concettuali elaborate dall'artista. Tuttavia, piuttosto che esplorare la questione dell'unità della rappresentazione pittorica sollevata dall'Unismo, le opere della prima serie risolvevano dei problemi di composizione e di ritmo.

Attualmente la serie delle *Composizioni architettoniche* comprende diciassette dipinti. Alcuni tuttavia, basandosi sulle illustrazioni delle riviste d'archivio, hanno sostenuto che inizialmente ne esistessero altri. Il commento di due dipinti – ora nella collezione del Muzeum Sztuki di Łódź – pubblicato nel primo numero della rivista francese "Abstraction-Création"[1], ben riassume quali fossero le questioni plastiche esplorate, secondo l'artista, in queste tele. Nello scritto Strzemiński riflette sui principi della composizione artistica: le proporzioni tra gli elementi individuali del quadro, la loro relazione con i bordi della tela, l'approccio alla linea. Secondo l'artista, è il ritmo a giocare un ruolo chiave nel processo. Il ritmo è considerato una sorta di essenza dell'espressione estetica del quadro, che perciò viene definito "architettonico". Guidato dall'opposizione di direzioni e dimensioni, la sua coerenza e l'omogeneità della sua espressione dipendono dalle proporzioni matematiche degli elementi individuali del quadro, perché solo così è possibile ottenere l'assoluta unità di tutte le forme e della tela stessa.

Questi temi hanno rivestito un ruolo importante anche nella concezione di "ritmo spaziotemporale", descritta nel libro di Strzemiński e Katarzyna Kobro, *Kompozycja przestrzeni. Obliczenia rytmu czasoprzestrzennego* [La composizione dello spazio. Il calcolo del ritmo spaziotemporale] (1931)[2]. Era necessario tenere in considerazione questo particolare ritmo nel concepire oggetti tridimensionali, architettonici e scultorei. Mentre generalmente Strzemiński lo definiva "una successione ordinata di forme spaziali", nel caso specifico della scultura unista si trattava del ritmo di "forme spaziali e piani di colore", dove "regolare le loro successioni comportava una distillazione delle relazioni tra forme consecutive in espressioni numeriche simili"[3]. Le *Composizioni architettoniche* [ill. pp. 73-76] consentirono a Strzemiński di elaborare un metodo per creare un ritmo uniforme di forme, adeguato ai confini bidimensionali della tela. Come nelle forme spaziali, i principi compositivi consistevano nella ripetizione di elementi successivi in base alla proporzione assunta. "Mantenendo costante una dimensione dell'opera d'arte e moltiplicandola per una variabile, si ottengono tutte

1
Władysław Strzemiński, *Senza titolo [lá, oú il y a une division…]*, in "Abstraction-Création", n. 1, 1932, p. 35.

2
Katarzyna Kobro, Władysław Strzemiński, *Kompozycja przestrzeni. Obliczenia rytmu czasoprzestrzennego* [La composizione dello spazio. Il calcolo del ritmo spaziotemporale], vol. 2, Łódź, Biblioteka grupy "a.r.", 1931.

3
Ivi, p. 50.

le dimensioni dell'opera, ciò significa che sostanzialmente tutte le misure sono divisibili per questa dimensione di base"[4], si legge in *La composizione dello spazio. Il calcolo del ritmo spaziotemporale*. Strzemiński ha mostrato l'applicazione pratica di queste nozioni in una *Composizione architettonica*, dipinta nel 1929 (oggi in una collezione privata), basata sulla ripetizione di una proporzione di 8 a 5. Questo particolare aspetto numerico si evidenziava sia nel rapporto tra l'altezza e la larghezza della tela, sia nelle dimensioni dei singoli elementi del quadro (le altezze e larghezze di tutte le forme presentate) [ill. p. 68]. Un'analisi analoga può essere applicata anche alle altre *Composizioni architettoniche*, in cui la proporzione di 8 a 5 (il cosiddetto "rapporto aureo") è alla base del lavoro, riflettendo similmente le proporzioni delle singole dimensioni, sia riguardo all'altezza e alla larghezza della tela (tutte le opere di questa serie hanno dimensioni di 96 x 60 cm), sia in relazione alle forme dipinte. Tuttavia, mentre Strzemiński e Kobro nel libro citato raccomandano l'uso di colori "neoplastici" per gli oggetti tridimensionali, le composizioni bidimensionali non sono soggette a questo rigore; il colore, steso in modo strutturale, avrebbe dovuto eliminare l'opposizione figura-sfondo, per rendere così uniforme la superficie e per far scomparire l'impressione della tridimensionalità.

All'epoca in cui Strzemiński stava dipingendo la nota serie, l'arte astratta era soggetta al costruttivismo internazionale, che iniziò a esercitare la sua influenza nel 1922, in seguito a due principali eventi artistici: il Congresso Internazionale degli Artisti Progressisti (maggio 1922, Düsseldorf) e il Congresso dei Costruttivisti e dei Dadaisti (settembre 1922, Weimar)[5]. È lì che futuristi ed espressionisti, così come artisti legati al costruttivismo sovietico, al neoplasticismo olandese e al dadaismo, discussero le potenziali linee di sviluppo dell'arte moderna. I congressi annunciarono una svolta verso l'arte razionalista e anti-individualista, e reclamarono la creazione di un linguaggio dell'arte universalistico. Ugualmente significativi furono i postulati ispirati da El Lissitzky, che attingevano al linguaggio del costruttivismo sovietico e proclamavano il coinvolgimento sociale e politico degli artisti[6]. Tuttavia molti erano focalizzati principalmente su nuove concezioni estetiche, adeguate ai tempi, come dimostrato con chiarezza dalle voci associate al gruppo olandese De Stijl[7]. Sebbene Strzemiński non avesse partecipato a questi eventi, la sua concezione di arte nuova si sviluppò all'interno di queste influenze, anche perché egli stesso fu protagonista attivo del costruttivismo russo. La sua educazione artistica e il suo percorso creativo avevano preso avvio in Russia durante la Rivoluzione d'Ottobre. Fino all'inizio degli anni venti era stato attivo nella cerchia degli artisti locali

4
Ivi, p. 65.

5
The Tradition of Constructivism, a cura di Stephen Bahn, New York, Viking Press, 1974, pp. 58-69.

6
El Lissitzky, *Statement of the Editors of "Vesch / Gegenstand / Objet"* in "The Tradition of Constructivism", p. 63.

7
Statement by the Stijl Group, in "The Tradition of Constructivism" cit., p. 64.

e le opere di Kazimir Malevič erano per lui un punto di riferimento fondamentale. Da questa formazione artistica derivarono sia la sua necessità di sviluppare nuove soluzioni estetiche adeguate ai tempi, sia la possibilità per l'arte di influenzare l'ambiente circostante, una visione che infine giunse a sostenere il suo specifico atteggiamento artistico "polifonico" e "totale". A quel tempo Strzemiński non fu solo attivo in qualità di pittore, ma fu anche un importante animatore dell'ambiente artistico e cercò sempre di mettere in pratica le sue idee nell'arte applicata. Poco dopo l'arrivo in Polonia, collaborò alla realizzazione della Mostra dell'Arte Nuova a Vilnius (1923), che introdusse il costruttivismo nei circoli artistici polacchi. Negli anni seguenti continuò a collaborare e a partecipare all'attività dei maggiori gruppi d'avanguardia polacchi associati al movimento: "Blok" (1924-1926), "Praesens" (1928-1930) e "a.r." (1929-1936). In quel periodo formulò le basi teoriche della sua arte, espresse in numerosi articoli e in due libri: *Unizm w malarstwie* [L'Unismo in pittura] (1928) e la già citata *Composizione dello spazio. Il calcolo del ritmo spaziotemporale*, scritta nel 1929 ma pubblicata due anni dopo. Poco dopo, nel 1932, Strzemiński si unì al gruppo parigino "Abstraction-Création" e iniziò a pubblicare regolarmente le sue opere sulla rivista ufficiale del gruppo. Durante questo periodo scrisse anche numerosi studi teorici, testi critico-artistici, lavorò come insegnante e fu uno dei fondatori della Collezione Internazionale di Arte Moderna del gruppo "a.r.", depositata e successivamente donata al museo di Łódź. Queste attività erano finalizzate alla più ampia diffusione possibile dell'arte moderna, che avrebbe dovuto realmente riorganizzare il mondo attraverso le nuove forme della creazione.

Come doveva essere questa nuova arte? Uno dei postulati fondamentali di Strzemiński richiedeva che le nuove opere d'arte non attingessero ad altri valori artistici o visivi se non quelli in esse già contenuti. Un'opera d'arte doveva esistere in se stessa e di per sé, non esprimere nulla, essere creata in accordo con le proprie specifiche leggi, consistere in un tutto contenuto in se stesso, che potesse essere – cosa importante per l'artista – percepito visivamente. Come scrisse nell'articolo *Integralizm malarstwa abstrakcyjnego* [L'unità della pittura astratta] (1934)[8], considerare le opere d'arte come "entità" separate che non imitano né il mondo esterno né le altre arti era l'essenza di un nuovo realismo, "ma il realismo vero dell'oggetto che non differisce dagli altri"[9]. La pittura non doveva più imitare la natura, non doveva creare paesaggi illusori, ma generare lavori che esistessero di per sé. Questi requisiti formali vennero ulteriormente radicalizzati dall'artista nel suo concetto di Unismo, secondo cui si sarebbero dovuti evitare tutti gli elementi non pittorici: le forme che rappresentano o si riferiscono alla realtà,

8
Władysław Strzemiński, *Integralizm malarstwa abstrakcyjnego* [L'unità della pittura astratta] (trad. di Marina Fabbri) in "Forma", n. 2, 1934, p. 10.

9
Ibidem.

10
Władysław Strzemiński, Szymon Syrkus, *Teraźniejszość w architekturze i malarstwie* [Il presente in architettura e in pittura], 1928, in Władysław Strzemiński, *Pisma* [Scritti], a cura di Zofia Baranowicz, Zakład Narodowy Imienia Ossolińskich Wydawnictwo Polskiej Akademii Nauk, Wrocław-Warszawa-Kraków-Gdańsk, 1975, p. 62.

11
Władysław Strzemiński, *B=2* (trad. di Marina Fabbri) in "Blok", n. 8-9, novembre-dicembre 1924, s.p. [18].

12
Władysław Strzemiński, *Sztuka nowoczesna w Polsce* [L'arte moderna in Polonia], in Jan Brzękowski, Leon Chwistek, Przecław Smolik, Władysław Strzemiński, *O sztuce nowoczesnej* [L'arte moderna], Łódź, Wydawnictwo Towarzystwa Bibliofilów w Łodzi, 1934, p. 65.

13
Ivi, p. 85.

14
Władysław Strzemiński, *Teoria widzenia* [Teoria della visione], Kraków, Wydawnictwo Literackie, 1958.

15
Władysław Strzemiński, *Sztuka nowoczesna w Polsce* cit., p. 85.

l'illusione della profondità e perfino i contrasti. "Il quadro è un mondo rettangolare, piatto, autosufficiente entro i suoi confini, isolato da tutto ciò che accade al di fuori della sua cornice"[10], scrisse Strzemiński nel 1928. Alla base dell'arte moderna doveva esserci l'astrazione, ma un'astrazione vicina al concetto di arte concreta. Non si trattava cioè di astrarre (distillare) le forme dalla realtà, ma di trattare forme e colori nel quadro come privi di equivalenti, anche lontani; si poneva enfasi sulla composizione, sui singoli elementi e sul modo in cui erano modellati, ma particolarmente importante era la ricerca di un principio universale e oggettivo della composizione. Come l'artista scrisse nel suo testo *B=2* (1924), introduzione alla teoria dell'Unismo: "Le linee di sviluppo delle arti visive nella seconda metà del XIX e nel XX secolo si posso riassumere nel modo seguente: **creare un'opera d'arte come un'entità plastica organica.** Questo è il risultato di particolari aspirazioni individuali"[11].

Allo stesso tempo per Strzemiński era soprattutto essenziale che l'arte moderna, concepita in questo modo, rispondesse alle sfide del suo tempo e non fosse distaccata dalla vita reale. Come molti avanguardisti pensava che l'arte potesse essere codificata in maniera sostanzialmente scientifica e, proprio come molti artisti e critici contemporanei, fu tentato di applicare le recenti scoperte nelle scienze naturali, come ad esempio la teoria dell'evoluzione, alle arti visive. Nell'articolo *Sztuka nowoczesna w Polsce* [L'arte moderna in Polonia] (1934) osservava: "Esiste una logica oggettiva dello sviluppo dell'arte, un'interdipendenza e una continuità dello sviluppo. Ogni nuova corrente artistica scaturisce dalle ipotesi di quelle precedenti. Questo principio di sviluppo biogenetico si applica sia all'artista che allo spettatore. Ogni persona deve necessariamente attraversare le rispettive fasi dell'evoluzione dell'arte"[12]. Il cambiamento, come nella teoria dell'evoluzione, era facilitato da nuove condizioni. "Una nuova forma – scriveva Strzemiński – non si crea da sola, ma è la conseguenza di un cambio di paradigma: l'invenzione di nuovi materiali, tecnologie o nuovi metodi di lavoro"[13].

Inoltre, con lo sviluppo delle sue teorie, Strzemiński ha sempre più sottolineato il fatto che alla base di una forma specifica nell'arte c'è anche un cambiamento della cosiddetta "capacità visiva", cioè della "quantità di esperienze e sensazioni visive di cui siamo coscienti". Questi elementi cambiano a seconda della cultura e dello sviluppo sociale, un fenomeno che l'artista ha trattato in dettaglio in *Teoria widzenia* [Teoria della visione][14], pubblicata nel 1958, dopo la sua morte. Secondo Strzemiński le nuove condizioni essenziali emerse durante la sua vita erano la standardizzazione, l'omogeneizzazione dei tipi di stampo e la loro produzione in serie[15]. Nella sua idea i nuovi metodi di lavoro (fordismo), la rapida crescita dell'industria moderna, le nuove macchine, i materiali, il ritmo e lo stile di vita moderni trovavano la loro migliore espressione in un'arte che utilizzasse "elementi uniformi" e "metodi basati sul calcolo matematico". Come scrisse: "La strada che si apre davanti all'arte consiste nel padroneggiare la macchina e adattarsi alla sua logica. Vari tipi di attività umane dovrebbero derivare da un impulso centrale esistenziale uniforme. Questo impulso è principalmente quello dell'organizzazione e dei calcoli matematici"[16]. Strzemiński riteneva che le sue *Composizioni architettoniche* fossero un esempio di questo tipo di opere, insieme all'architettura, alla scultura e alle opere d'arte utilitarista, che dovevano servire l'uomo ed essere funzionali. Per quanto riguarda queste ultime, il ritmo matematicamente sviluppato delle forme che le costituivano era basato sulla figura umana. Ciò avrebbe comportato una migliore organizzazione della vita e delle attività dell'uomo, e allo stesso tempo sarebbe stato un riflesso della funzionalità e intenzionalità dei nuovi metodi di organizzazione del lavoro e di efficienza della macchina. Strzemiński considerava la nuova arte, così intesa, come ciò che si opponeva soprattutto al concetto di "arte elevata al di sopra della vita, arte basata su una ricezione passiva delle impressioni alle quali si soccombe e che si sperimentano in modo contemplativo"[17].

Di conseguenza l'artista sosteneva che tutta l'arte non dovesse essere appesantita da valori plastici ancillari, che non dovesse attingere alla letteratura, dilettarsi nell'ornamento delle forme o servire come un'espressione del lusso. L'unico scopo dell'arte era quello di cercare approcci formali che potessero essere tradotti in una migliore efficienza dell'uomo, delle sue attività, dei suoi compiti e del suo lavoro. La prova finale dell'arte, in questa interpretazione, nello stesso tempo era la "produzione di forme nel campo dell'utilità sociale". Tecnologia, psicofisiologia e biomeccanica dovevano essere i nuovi riferimenti per l'arte. Tuttavia Strzemiński credeva ancora nell'importanza dell'esperimento artistico in quanto tale e ammetteva che non sempre dovesse implicare un'applicazione immediata, ad esempio nell'industria. Strzemiński attribuiva una grande importanza al significato massimo dell'arte che considerava una forza per razionalizzare la vita, una sorta di sforzo collettivo (in cui ogni artista è impegnato a risolvere il suo specifico problema artistico e visivo) che riunisce gli individui in una comunità effettivamente funzionante, che si oppone agli eccessi dell'individualismo e di un'emotività esuberante, e soprattutto agisce come uno strumento per organizzare la società. In una discussione con Leon Chwistek, un altro artista polacco dell'avanguardia, Strzemiński sottolineò chiaramente: "L'opera d'arte e la posizione dell'artista sulle questioni della forma visiva

16
Ibidem.

17
Ivi, p. 91.

sono espressione del suo atteggiamento generale nei confronti di un tipo di cultura o di un altro. Un'opera d'arte è espressione delle aspirazioni socioculturali dell'artista sublimate e trasposte in forme artistiche"[18]. Per Strzemiński, radicato nel costruttivismo ma anche, come molti dei suoi contemporanei avanguardisti, partecipe al dramma della prima guerra mondiale, la speranza era riposta in un mondo di persone socialmente illuminate, che coscientemente decidessero di rinunciare all'emozione che conduce inesorabilmente alla catastrofe. L'arte astratta razionalista doveva contribuire alla creazione di questo mondo.

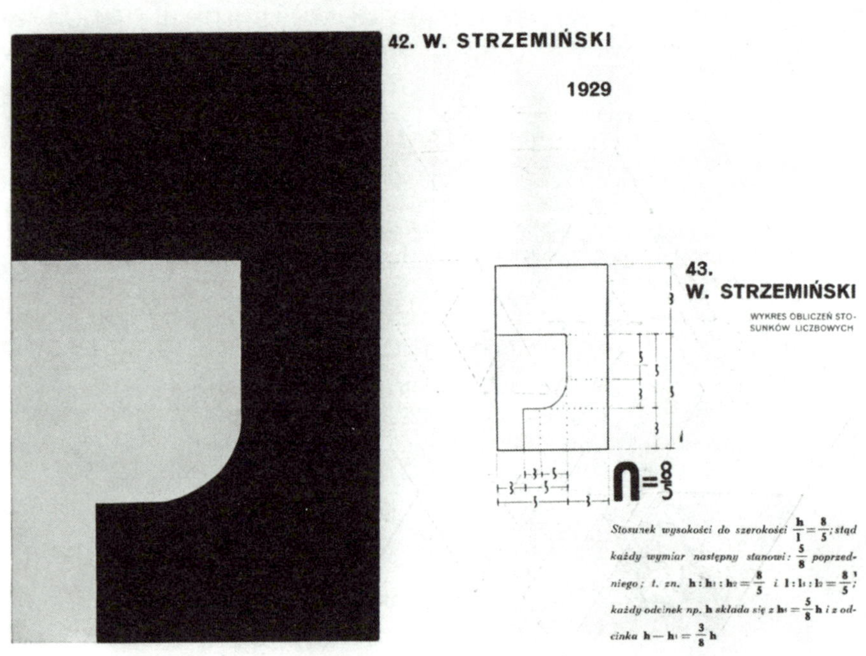

$$n = \frac{8}{5}$$

Stosunek wysokości do szerokości $\frac{h}{l} = \frac{8}{5}$; stąd każdy wymiar następny stanowi: $\frac{5}{8}$ poprzedniego; t. zn. $h : h_1 : h_2 = \frac{8}{5}$ i $l : l_1 : l_2 = \frac{8}{5}$; każdy odcinek np. h składa się z $h_1 = \frac{5}{8} h$ i z odcinka $h - h_1 = \frac{3}{8} h$

18
Leon Chwistek, Władysław Strzemiński, *Dyskusja L. Chwistek – W. Strzemiński* [Discussione L.C. – W.S.], in "Forma", n. 3, 1935, p. 8.

Sopra
Illustrazioni dal volume *La composizione dello spazio. Il calcolo del ritmo spaziotemporale* (realizzato con Katarzyna Kobro, 1931), con il quadro *Composizione* (1929) e un grafico del calcolo delle specifiche proporzioni in esso contenute.

Władysław Strzemiński: biografia

Władysław Strzemiński (1893-1952) – pittore, teorico dell'arte, designer e insegnante, fu uno dei più importanti artisti dell'avanguardia polacca nel periodo tra le due guerre. Nacque a Minsk (all'epoca, inclusa nella partizione russa della Polonia) in una nobile famiglia polacca e studiò presso la Scuola Militare di Ingegneria intitolata allo Zar Nicola a San Pietroburgo. Durante la prima guerra mondiale combatté come ufficiale dell'esercito russo e riportò ferite che lo resero invalido. Intraprese gli studi d'arte a Mosca durante la Rivoluzione, nei primi atelier statali di arte libera. Fu molto attivo nell'ambiente artistico dell'epoca, principalmente a Mosca e Smolensk. In quel periodo incontrò la scultrice Katarzyna Kobro, che in seguito sposò. La coppia fuggì in Polonia tra la fine del 1920 e l'inizio del 1921. Nel 1923 Strzemiński fu cofondatore della Mostra dell'Arte Nuova a Vilnius; in seguito collaborò con i gruppi artistici polacchi "Blok" (1924-1926), "Praesens" (1926-1930) e "a.r." (1929-1936) e con il gruppo internazionale "Abstraction-Création" (1932-1936). Nell'ambito delle attività del gruppo "a.r." cofondò la Collezione Internazionale di Arte Moderna donata poi al museo di Łódź, che comprendeva le opere dei più importanti artisti dell'avanguardia di allora, come Max Ernst, Piet Mondrian, Theo van Doesburg e Pablo Picasso. Fu autore di numerosi testi teorici e critici e tre dei suoi libri furono stampati: *Unizm w malarstwie* (1928), *Kompozycja przestrzeni. Obliczenia rytmu czasoprzestrzennego* (insieme a Katarzyna Kobro, 1931) e *Teoria widzenia* (1958). Prese parte a numerose mostre, tra cui *Machine Age* (1927) a New York e il *Salon Modernistów* [Salone dei Modernisti] (1928) a Varsavia. Insieme al gruppo "Praesens" progettò gli interni per l'Esposizione Generale Nazionale Polacca a Poznań (1929). Nel 1932 ricevette il Premio Artistico Città di Łódź per le Belle Arti. Nello stesso anno organizzò la mostra *Drukarstwo nowoczesne* [La tipografia moderna], durante la quale presentò le opere dei principali designer moderni, tra cui Kurt Schwitters, Jan Tschichold e László Moholy-Nagy. Lavorò come insegnante per gran parte della sua vita. Prima della guerra insegnò nelle scuole secondarie di Szczekociny, Brzeziny, Koluszki e Żowakowice. Ricoprì anche l'incarico di direttore di una scuola professionale per tipografi, dove rese popolare la stampa funzionale. Dopo la seconda guerra mondiale contribuì alla fondazione della Scuola Superiore di Belle Arti di Łódź, dove insegnò storia dell'arte e design grafico. Restò in questa scuola fino ai primi anni cinquanta quando fu rimosso dal suo incarico perché "formalista" (astrattista), dal Ministero della Cultura, che sotto il nuovo regime comunista aveva inasprito la politica culturale dello Stato. Morì poco dopo di tubercolosi. Le sue opere più importanti includono le serie di dipinti *Kompozycje unistyczne* [Composizioni uniste], *Kompozycje architektoniczne* [Composizioni architettoniche] e *Powidoki* [Afterimages]. La *Sala Neoplastica,* da lui progettata, si trova ancora oggi al Muzeum Sztuki di Łódź.

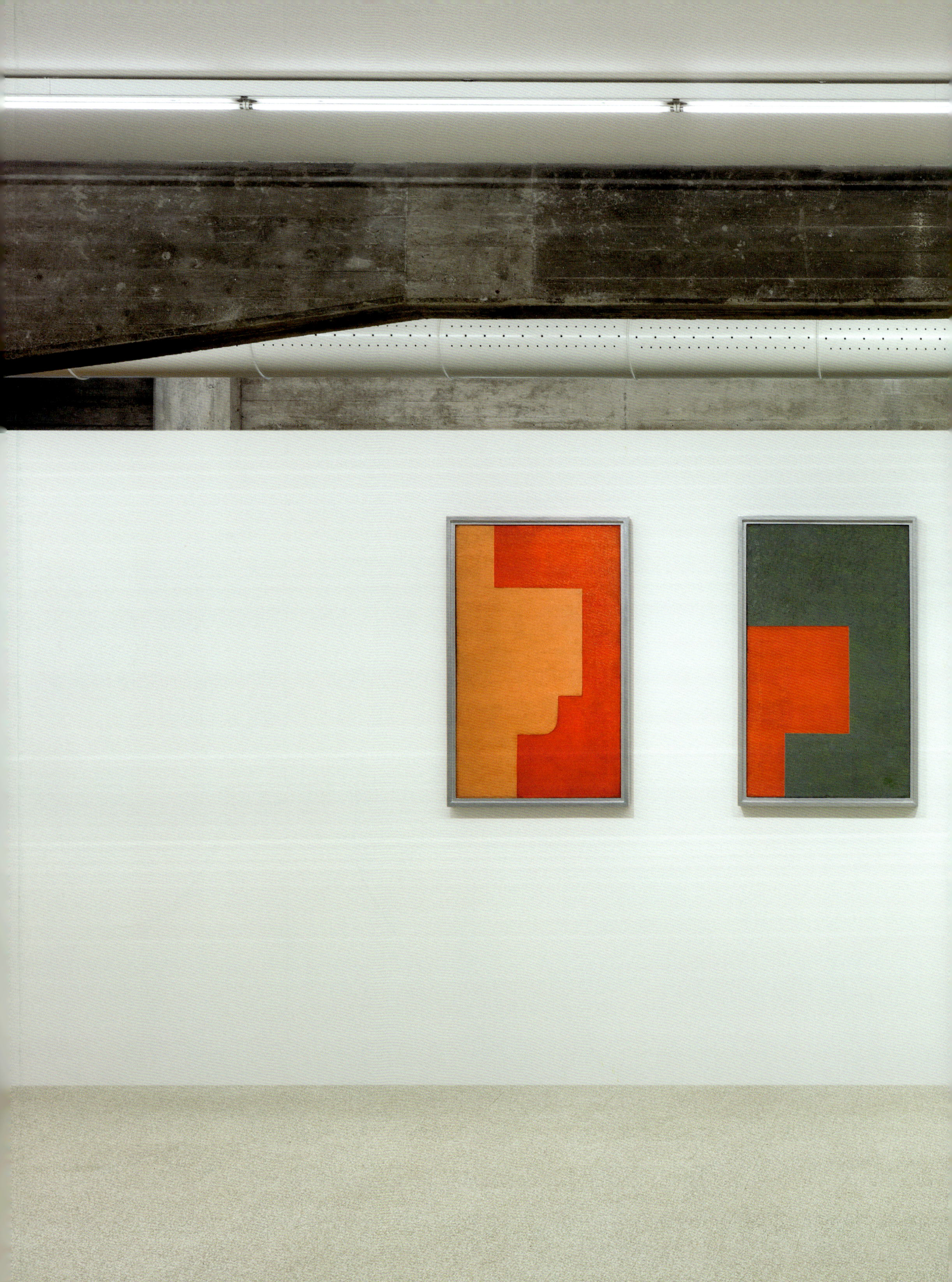

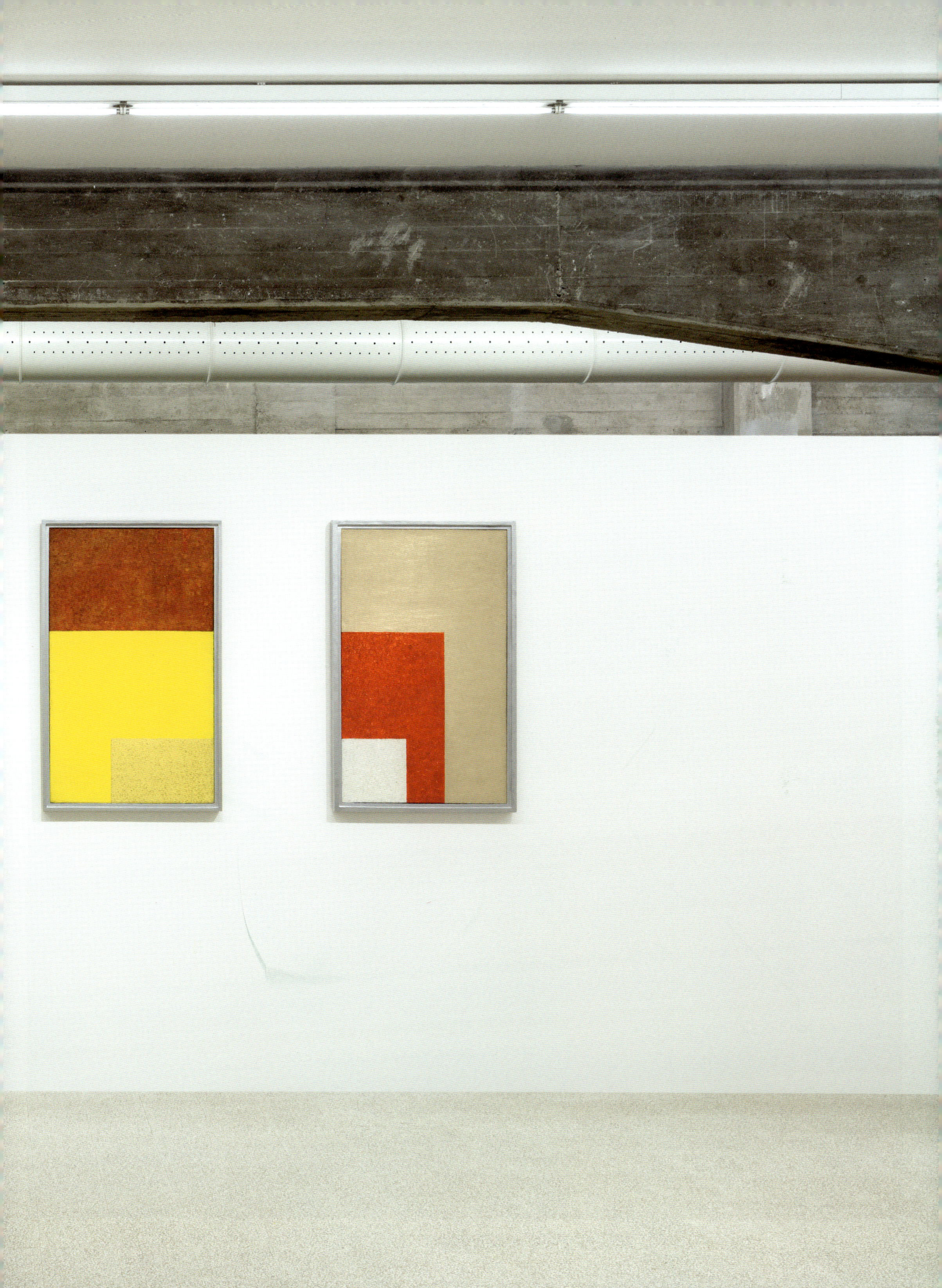

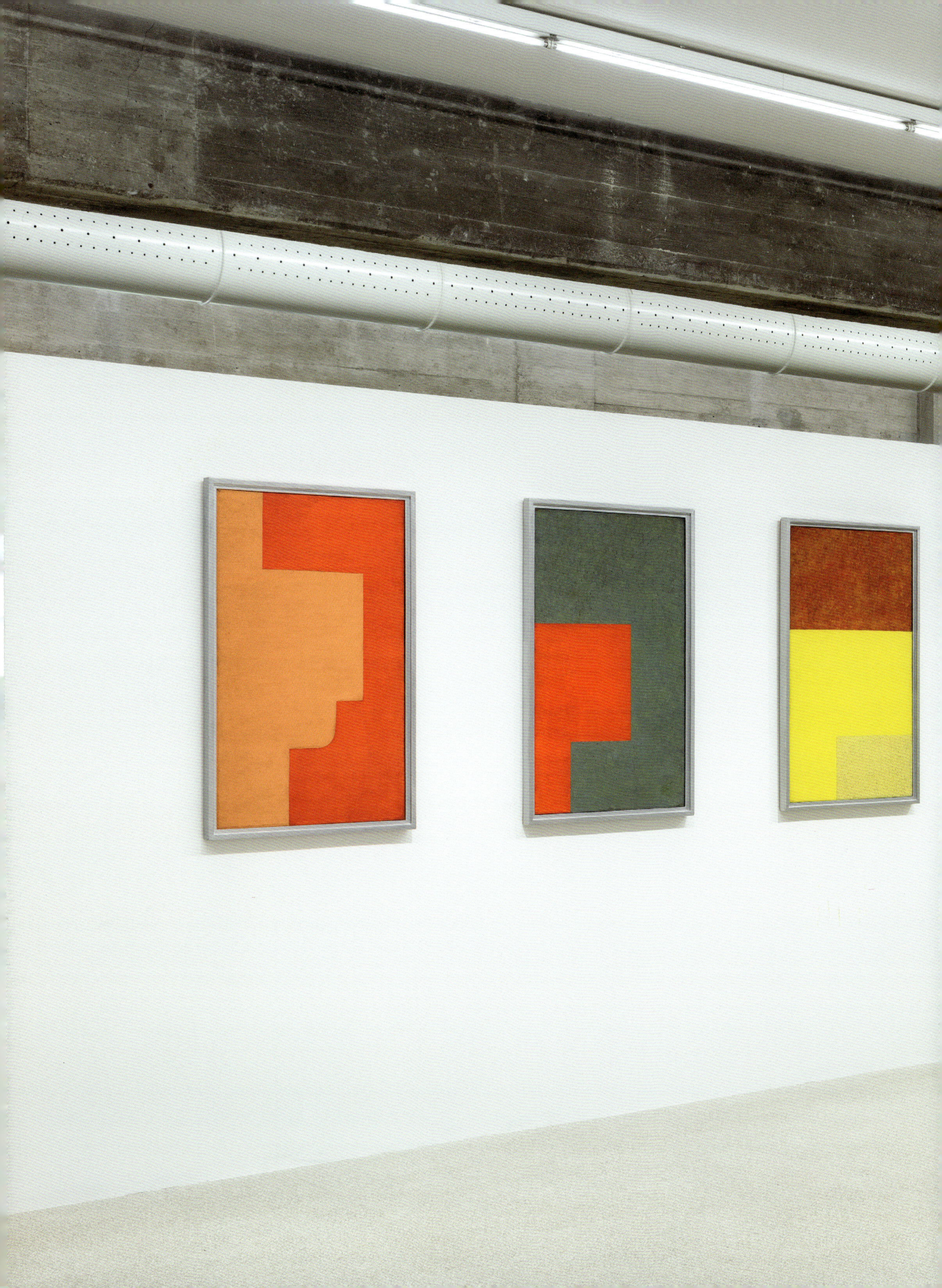

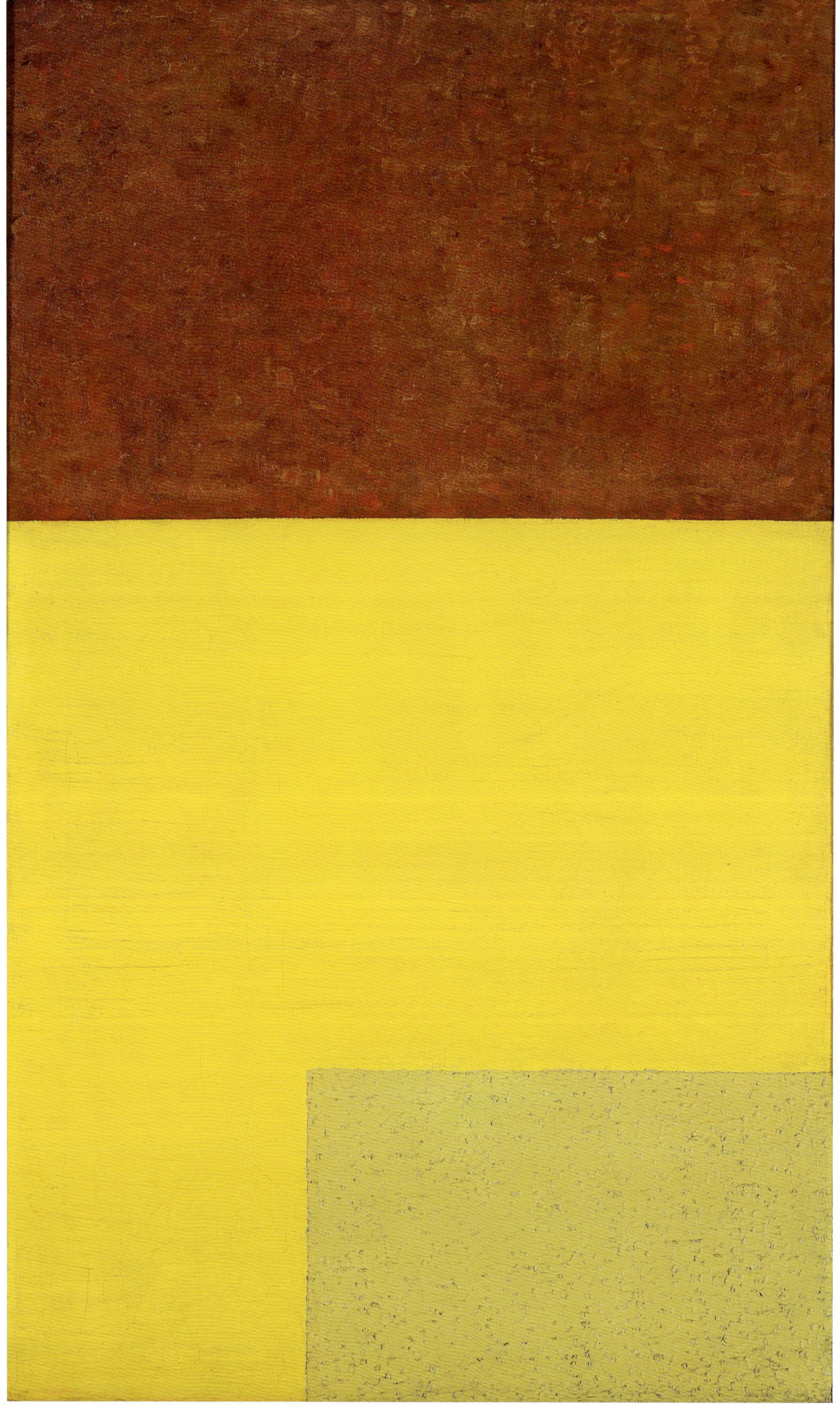

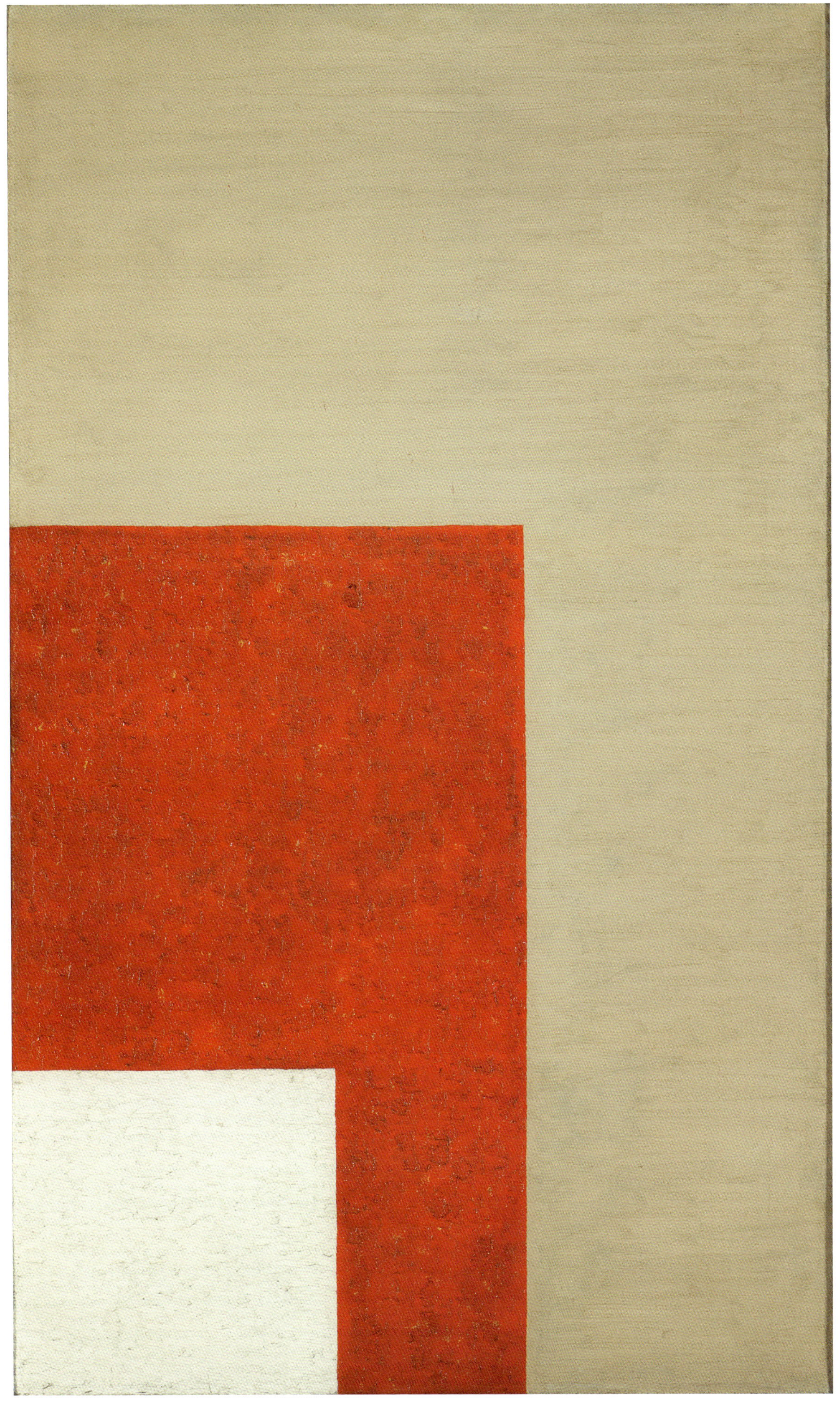

Władysław Strzemiński

B=2
and other
excerpts

"B=2", *Blok 8–9* (Nov.–Dec. 1924): n.p. [18–20].

B=2

It should read:

Art = maximum creativity.

The academic law of conformity to the norms established by all the late dignities and authorities, the law of obedient and passive preservation, the law which is conservative and static (and therefore – dead) must be replaced with the imperative of

absolute creativity.

Uncreative work, not departing from what has been – is not a work of art, even if it fulfills all the prescriptions of the dead masters (who because of being dead are respected by the society).

II
creativity + **system.**

The Ford car factory: each worker performs only one sort of movement (differentiation of work); each car is gradually assembled by several thousands of workers, while each of them has to carry out a single function, most simple and strictly determined. In the process each worker does his part of the job for one minute (mechanization of work). Every minute the machine automatically transports the car in preparation from one worker to another. In this way every minute the factory turns out a new car, which has passed through thousands of hands. Because of good organization, economy of movements resulting from the strictest division of labour, simplification and mechanization of work – the tempo of execution is the highest. The task of the engineers controlling the sections into which this flow of work is divided, is to be inventive, to simplify the movements of each and every worker; to replace several movements with one (by an appropriate change = improvement of the machine). The result: continuous creative effort. Creativity has its basis in the pre-existent system, but precisely for this reason it is constantly directed towards its change (= improvement).

III
The twilight of Europe.

The cultural period, the end of which we observe (the Renaissance – Dante and the others), is an extension of humanism. It has created a culture that is individualistic – consumerist – sentimental – freedom-seeking – destructive. Now an organizational culture is coming: the construction of productivity: **the micrometric process of the productive organization of work.**

Artistic individualism in the epoch of humanism did not know how to work: it started everything from A. Thus its result and its end was always the beginning.

Only the one wins in his art, who consistently aims to develop a system, who aims at objective perfection; who constantly tests and improves the system. Such an undertaking is beyond an individual's capacity, it requires collective effort. Therefore: to undertake the efforts of one's predecessors, to investigate their assumptions, to amend the system and to continue advancing – this is the right way of creating true cultural values. Contemporary creation should base itself on all previous efforts, but it takes its beginning just at the point where everything that has already been created ends. Tradition is the raw material, out of which one should build anew, which means to transform it into something it has never been. The further we go, the more faithful we are to tradition.

IV

The direction of development of the visual arts in the second half of the 19th and in the 20th century can be summarized:
to create a work of art as an organic plastic entity. This is the net result of many particular tendencies.

V

PLASTIC FEELING =
- cannot be expressed by any other art, by any other means
- something that is felt in the plastic arts only, and nowhere else (see the following: painting, sculpture, and others)

We can apprehend it by a number of comparisons:

feeling of painting ⟷ literary feeling
" " ⟷ musical "
painting ⟷ natural object
sculpture ⟷ mystical treatise

Such oppositions will make easier the elimination of alien elements and the definition of the concept of plastic feeling.

The common path of development of contemporary art leads to one end: **a plastic organism.** What is pursued is the highest level of concentration: plastic feeling elevated to its self-sufficiency. The naturalists make their start along this way by establishing the principle of visual self-sufficiency and by making visual arts independent from literary influence (visionary sentimentalism), but they are wrong when they speak about identity in the sphere of objects.

VI

A form of existence produces a form of consciousness. An emergence of a new form creates a new content. Therefore

form
is value.

Content does not produce form, it cannot bring about a uniform system. To mask over the imitation, a different literary and object content is introduced, but since the form remains the same, then the plastic feeling determined by the system of rendering and arrangement of forms remains unchanged. All efforts are vain and such a work of art does not contain anything creative, anything new. It is a failure.

TOTALITY AND UNITY OF A WORK OF ART

VII

It should not be an unfinished unity, or contain anything beyond such unity. **The plastic action must be located within the limits of a work of art, that means:**

1) **The whole** plastic action is contained within the given work of art.

2) Only one action is present, not two or more.

Therefore all non-constructional – chaotic works are expelled from the domain of art.

VIII

A unity of assumption: a uniform system of selection and connection of forms.

[...]

XI

Real ≡ autonomous existence in the plastic arts: when a work of art is plastically self-sufficient, when it is an aim in itself and does not look for its justification to values that exist beyond the picture.

An item of pure art, built according to its own principles, stands side by side with other worldly organisms as a parallel entity, as a real being, because **everything has its own laws of construction of its body**. We cannot build one thing according to the laws and principles of construction that belong to another being.

The law of picture's organicity requires: **the greatest possible union of forms with the plane of the picture**.

1) a union in direction perpendicular to the plane of the picture, i.e. the flatness of forms; a picture as a plane.

2) a union within the plane of the picture itself; the form should **grow out** from the picture and be directly connected with it; quivering or flying away of forms not growing out of the picture but rather fastened to its plane, against its nature – wishes and intentions – signalizes that the picture is one thing – and the form is another.

3) the whole picture should act simultaneously as one integral plane. Forms should not work by themselves, independently of the whole picture, because it would rather produce a portrait of an organic unity of forms, instead of a unity of forms with the plane.

[...]

XV

Each form should conform:
    a) to the limits of the picture
      – by its shape
    b) to the plane of the picture
      – by shape and colour
We observe how strange and discordant an impression is produced when a non-straight form is placed next to edge of a straight-lined picture, or a straight-lined form next to the edge of a circular picture.

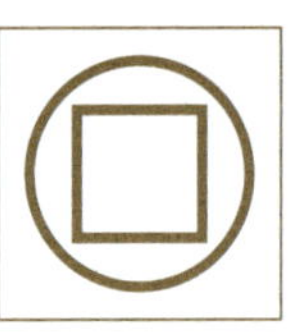

fig. 1

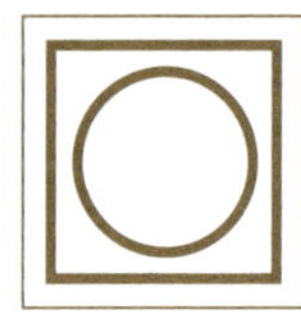

fig. 2

A certain straightness results from the straightness of the limits <u>stretcher</u>.
the picture must be adjusted to its limits, fitted into them (fig. II).

But at the same time, **straightness of form distinguishes it from the picture plane and makes it opposed to the background.**

We are facing a challenge of balancing these two factors. This task has been resolved in white suprematism only by means of colour, but it should be resolved both by colour and form. We are no longer impressionists!

XVI

Operating with proper means also implies: **the elimination of time.**
(time is a non-plastic element and it characterizes other arts: literature, music.)
Not the action of one form upon another, but a COMPLETE SIMULTANEITY OF PHENOMENON.

[...]

XVIII

A picture should not be an interaction of forms, but a simultaneity of phenomenon.

The primary law of absolute painting is:
a rejection of dynamism
– the deepest essence of the former period (of cubism and futurism.)

The avoidance of forms acting one upon another, or
mutual neutrality of forms.

Not the associative and material colour of the cubists and old masters, not the emotional colourfulness of impressionists, not colour as a sign of suprematist energy, **but colour in its direct being.**

"Untitled (Nasza wystawa...)" [Untitled (Our Exhibition...)], *Almanach. Katalog. Salon Modernistów* [Almanac. Catalogue. The Salon of Modernists], exhibition catalogue (Warszawa: 1928): 1–2.

[...] p. 2

It is our belief that there exists no other value in art aside from PLASTIC FORM. This form we speak of comprises all those visual and spatial elements that a given work of art contains within itself. We strive for perfection of form, to draw out all of its visual and spatial possibilities. Plastic art does not seek to copy objects; an object can only be a source of specific visual elements (color, texture, blotch, line, etc.). As soon as all of these aforementioned elements are drawn out of the object, the object itself becomes useless and can be discarded. We paint objects not for the sake of painting them, but to render their artistic values and then discard them, like a cigarette smoked down to the filter. An object is not the destination, it is only the point of departure. Some artworks communicate their artistic values directly, regardless of the object. The specific configurations of artistic values they present are not anchored in any object in particular. Instead, the arrangement of visual and spatial elements within them is dictated by the general physiological principles of human vision.

The work of art must be a single, uniform entity, a wholly self-sufficient organism. From this notion follows the question of BUILD. To build an artwork is to take the visual elements, in all of their number and disparate types, and bind them together by way of a system that would make them interdependent. Following this logic, we then determine our attitude towards individual visual elements; we select from their pool those which fit the system; then we bring them together following the system dictating the process of building a work of art. Consequently, we interpret the structural unity of such works as unity of thought informing their creation. The unity of structure is thus the direct result of a consistent build process.

The thought behind the process is the essential element of modern art. As a result, the concept of beauty has shifted, as well. Beauty is: the SYSTEM, BINDING TOGETHER ALL THE ELEMENTS OF THE BUILD INTO MUTUAL INTERDEPENDENCY. The beauty of intent fulfilled and accomplished. The functional dependence is most prominent in the geometrism of the build. Thus, we may presume that geometrism emerges wherever consistent and deliberate creative thought has taken root completely.

The PLANS, SYSTEMS, ORGANIZATIONS we develop are supposed to express beauty more perfect than that of anarchy or sentimentalist-romanticist destruction. Within our system, fulfillment and intent overlap completely.

"Integralizm malarstwa abstrakcyjnego" [The Unity of Abstract Painting], *Forma* 2 (1934): 8–10.

pp. 8–9

Many claim that the abstract character of painting – or its lack, for that matter – is only a matter of subject, and that it ultimately bears no influence on this or that character of the form; that putting all emphasis on form entails accepting subject selection as a private matter, subjective to every individual painter. Every painter ends up selecting a specific subject as their own point of departure. After picking a subject, the painter exhausts its artistic substance to produce in the picture an equivalent of observable nature. The subject is merely a departure point, an inevitable necessity, the wellspring from which the artist draws to transfigure its waters into something wholly different: to transform the sensation of nature into purely artistic experience. The greater the number of these sensations and the greater the purity of the sheer painterliness of these experiences, the further into the background the subject, over which the artwork rises, recedes. But the subject, although concealed or scrubbed from view, does indeed exist and is absolutely essential for a work of art to exist.

What about abstract art? Where do its artistic elements derive from? From nothing?

The question of form is primarily a question of build. And the build is the product of efforts aimed at granting the picture maximum uniformity. When discussing pictorial uniformity, however, we would do well to first identify the two main components of a painting: the relationship between individual shapes and the relationship between those shapes and the constrained plane of the canvas on which the picture is painted.

If we assert that form is the only means of influence in fine arts, and raise the expectations we have toward it, then we must consequently embrace the pursuit of the *absolute build*, which remains the sole source of perfectness and clarity of form. The absolute build rests upon the indissoluble relationship of individual shapes and the relationship of these shapes with the space inside of which they were placed, the flat surface of the canvas, and the rectangle of the picture's edges. It is only in this relationship that we may find an amalgamation of all the elements of the picture, or the *absolute purity of form*.

This need for absolute purity of painting, however, never goes hand-in-hand with more realistic ambitions. The desire to emulate objects in paintings ultimately leads to a lesser order of perfection of form and corrupts the uniformity of build.

1) The flatness of the surface of a painting decides the character of its shapes. Only flat shapes can combine well with flat surfaces. The flat shape adheres uniformly to the plane of the picture. This, in turn, leads us to the question of honesty and truth in modern painting. Painting does not emulate, it only acknowledges the actual state of things; it does not seek to carve out a bas-relief on the flat surface of the image, nor does it want to pierce it in search of broader horizons. Modern painting does not corrupt the true nature of the picture; it acknowledges the picture's flatness and, from there, it shapes the image as it would a flat object. Rather than illusions, it offers us the actual reality of the flat surface.

[…]

The postulate calling for unity of all pictorial elements naturally suggests that the flat surface of the canvas should correspond with the flatness of the image as a whole. This flat, two-dimensional nature of the picture does not find any reflection in the three-dimensional character of nature. Therefore, to capture in the picture some equivalent of nature, we must introduce into it a third dimension (depth), no matter how concealed or intangible. Although it is possible to create a representation of nature using two-dimensional elements, these elements, taken together, will never yield a uniform flat surface; instead, they will rupture the uniform plane of the canvas and thus prevent the achievement of an organic build.

[…]

p. 10

Conclusion: whether a painting is abstract or not is decided primarily by form and the choice of its individual constituents.

The process of building visual synthesis aims to ensure total unity of all the elements of a picture. This process cannot be reconciled with this or that way of emulating nature, because its trajectory flows from a radically different set of presumptions. The means and systems of shaping used by abstract painting derive not from without, they are not the product of mutual adjustment of the visual system and visible nature – but stem from within, from the principles of its own logic, from the observation and study of phenomena that facilitate connection between all the elements of the picture, strengthen its unity and organicness.

This organicness and the internal logic of the abstract picture define its position toward other natural phenomena.

Not the illusory realism of a mirror reflection, nor the realism of nature's equivalents, but the true realism of objects not different from any other. Breaking away from illusionism and achieving true realism is made possible by abstract painting. The trajectory of its growth leads not toward the illusionism of emulating nature, but toward *purging* the realm of painting of any remnants of this illusionism.

Just like illusionist painting drew its artistic elements from the surrounding nature, so does abstract realism derive its elements from visual thought, thought intending to produce a painting, conceived as an organic unit, standing alongside other phenomena of life and based on strict principles of artistic build.

"Untitled (Komentarz do obrazu)" [Untitled (Comment on the Painting)], *Forma 2* (1934): 17–18.

p. 17

Our visual capacity, i.e. the amount of visual experiences and sensations we are cognizant of – is not static, but has been developing along with mankind. The process repeats itself in individual human development, too, from infancy to adulthood, and is usually arrested at one of the stages that we know from the history of painting.

One early stage of visual capacity involves the perception of individual objects, each painted its own local color and separated by the inviolable boundary of the contour. This view was widespread in the Gothic period and the early Renaissance, reaching its prime during the latter.

It was later expanded with the observation of the play of light and shadow on the curves of objects and with the usage of shading to dissolve stark, stiff contours.

p. 18

Another step involved the realization that the color of one object directly influences the color of another, and that the mutual interactions of color in nature produce a specific tonal harmony of nature as a whole (Impressionism, 19th century).

Recently, with the advent of Cubism, we have also realized that not only do colors interact with one another, but so do shapes. When we move our eyes from one object to the next, our retinas preserve a trace of the first object, blending its form with the form of the other, facilitating the composition of a picture with a much broader rhythm scale. Form is no longer the attribute of nature's separate, isolated entities. We see not a series of detached objects, but a vision of painterly congruency of the world and mutual interaction between all of the form's elements. In this mutual perfusion, similar visual elements wane, leaving only stark contrasts, making up the continuity of matter and form.

The abstract picture derives from a deliberate attempt to organize and cleanse the array of compositional methods stemming from a given visual capacity. This *deliberateness of the system* in turn grants it greater clarity and uniformity than any random encounter with the complexity and randomness of nature. Those who consider randomness and richness to be synonyms may indeed see the abstract image as a depletion, a corruption of painting itself, because such an image rarely yields unpredictable complications and surprises. Its goal is to organize the data acquired by our visual capacity into a complete system.

This, naturally, implies that the creation of consecutive abstract images is valid insofar as every new picture is able to produce new data that its predecessor could not. That is why abstract art should be created only when an artist will use it to communicate something concrete.

This, I believe, grants legitimacy to the painting, alongside more abstract works, of pictures that could be considered more straightforward, born of contact with nature, an effort that could be pursued to either rest the creative mind or to experiment.

[...]

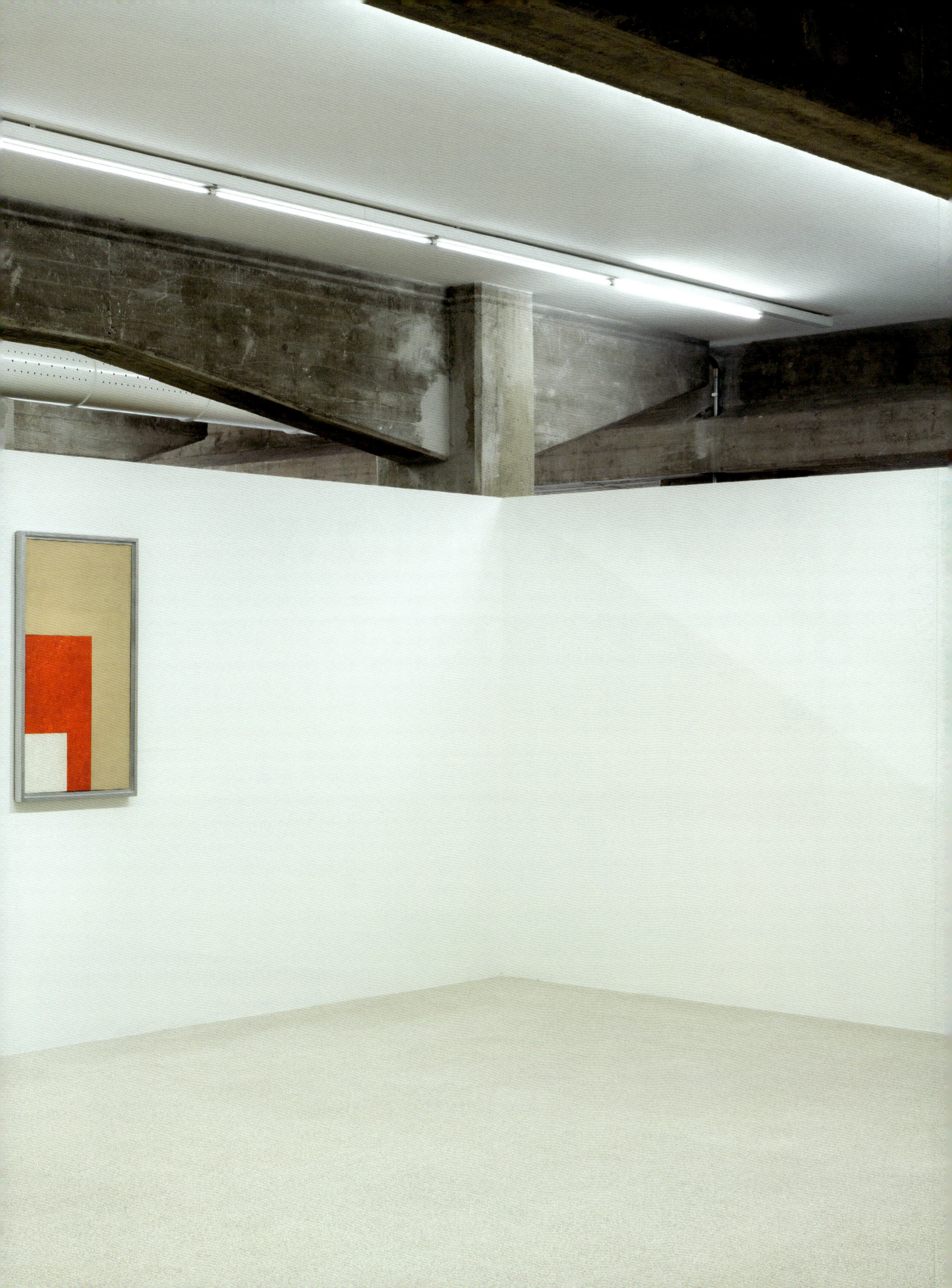

Abstraction as New Realism: the Architectural Compositions of Władysław Strzemiński

Władysław Strzemiński's *Architectural Compositions* were created between 1926 and 1929, alongside his *Unist Compositions*, which the artist worked on from 1923–1924 all the way to 1934. Aside from the latter, and the *Afterimage* series that he painted only in the wake of World War II, the former can be perceived as the most distinctive implementations of the conceptual theories devised by the artist. But rather than explore the Unist question of the unity of painterly representation, the works collected in the former series sought to break down the problems of composition and rhythm.

Today, the *Architectural Compositions* series comprises seventeen paintings. Some have alleged however, basing their speculations on illustrations in old magazines, that the series originally featured more. A good overview of the visual issues that the artist believed the paintings explored can be found in the commentary accompanying two of the paintings, currently held by the Muzeum Sztuki in Łódź, published in the first issue of the French magazine *Abstraction-Création*.[1] In the essay, Strzemiński ponders the precepts of composition: the proportions between individual parts of the painting, their relationship relative to the edges of the canvas, the approach to strokes. In the artist's interpretation, rhythm plays a key role in the process. Here, rhythm is considered the essence of the picture's artistic expression and thus labelled "architectural." Driven by an opposition of directions and sizes, its consistency and the homogeneity of its expression are related to the mathematical proportions of the picture's individual elements, as that is the only way to achieve absolute unity of all the forms and of the canvas itself.

These issues also played a key role in the concept of "space-time rhythm," outlined in Strzemiński and Katarzyna Kobro's 1931 book *Kompozycja przestrzeni. Obliczenia rytmu czasoprzestrzennego* [Composing Space / Calculating Space-Time Rhythms].[2] This particular rhythm was a necessary consideration in the process of designing three-dimensional, architectural, and sculptured objects. While Strzemiński generally defined the rhythm as a "regulated sequence of spatial forms," in the particular case of Unist sculpture it was the rhythm of "spatial forms and planes of color," with the regulation of its particular sequence dependent "on bringing the relations between successive forms into a homogenous expression of measure."[3] The *Architectural Compositions* [figs. pp. 73–76] allowed Strzemiński to examine the manner of creating such a uniform rhythm of forms in versions fitting the two-dimensional perimeter of the canvas. Like in spatial forms, here also the principles of composition entailed the repetition of consecutive elements based on a pre-supposed proportion. "A specific dimension

1
Władysław Strzemiński, "Untitled [lá, oú il y a une division...]", *Abstraction-Création 1* (1932): 35.

2
Katarzyna Kobro and Władysław Strzemiński, *Kompozycja przestrzeni. Obliczenia rytmu czasoprzestrzennego* (Łódź: Bibljoteka grupy "a.r.", 1931); "Composing Space / Calculating Space-Time Rhythms" (trans. Ania Soliman), *October* (2016, no. 156): 12–74.

3
Ibidem, 36.

present throughout the work of art multiplied by different numbers provides all the dimensions of an artwork, i.e., all the work's dimensions can be divided by this basic dimension,"[4] he writes in *Composing Space / Calculating Space-Time Rhythms*. Strzemiński demonstrated the practical implementation of these notions in one of the *Architectural Compositions*, painted in 1929 (currently held by a private collector), based around the repetition of an 8-to-5 ratio. This particular numerical aspect manifested itself both in the height-to-width proportion of the canvas and the dimensions of individual elements of the picture (the heights and widths of all featured forms) [fig. p. 88]. A similar analysis can be applied to the remaining *Architectural Compositions*, where the 8-to-5 ratio (the so-called "golden ratio") also underpins much of the work, likewise reflecting the proportions of individual dimensions, including the height and width of the canvas (all of the pieces in the series are 96 by 60 cm) and the sizes of the painted forms. But while Strzemiński and Kobro recommended, in their aforementioned book, the use of "neoplastic" colors for three-dimensional objects, no such proscription applied to two-dimensional compositions; it was texturally-driven color that was supposed to eliminate the figure / background opposition, thus homogenizing the surface and eliminating the sensation of three-dimensionality.

Around the time that Strzemiński was painting his acclaimed series, abstract art found itself under the sway of the international constructivist movement, which began to emerge as an influence in 1922 in the wake of two major artistic events: the International Congress of Progressive Artists (May 1922, Düsseldorf) and the Congress of the Constructivists and Dadaists (September 1922, Weimar)[5]. There, the potential trajectories of the development of modern art were discussed together by futurists, expressionists, Soviet constructivists, Dutch neoplasticists, and dadaists. The congresses foreshadowed a turn toward a rationalist, anti-individualist art, and called for the establishment of a universalist language of art. Similarly important were the postulates, inspired by El Lissitzky, which drew on the language of Soviet Constructivism and argued for greater social and political involvement of artists.[6] Still, many were focused primarily on new aesthetic concepts that went together with the times, which was well demonstrated by the Dutch voices associated with De Stijl.[7] While Strzemiński did not participate in either of the events, his notions of new art remained well under the influence of the ideas that animated them, partly because he himself was actively involved with Russian Constructivism. After all, his artistic education and his own creative journey began in Russia in the throes of the October Revolution. Until the early 1920s, he was active in the local artistic milieus, with the work of Kazimir Malevich serving as his primary

4
Ibidem, 44.

5
Stephen Bahn, ed., *The Tradition of Constructivism* (New York: Viking Press, 1974): 58–69.

6
El Lissitzky, "Statement of the Editors of 'Vesch / Gegenstand / Objet'", *The Tradition of Constructivism*: 63.

7
"Statement by the Stijl Group", *The Tradition of Constructivism*: 64.

8
Władysław Strzemiński,
"Integralizm malarstwa
abstrakcyjnego" [The Unity
of Abstract Painting]
(trans. Jan Szelągiewicz),
Forma 2 (1934): 10.

9
Ibidem.

point of reference. His time with these circles inspired him to call for the development of new aesthetic solutions that would better fit the times, as well as point out the possibility of using art to shape our environment, a view that would ultimately come to underpin his specific, "polyphonic" and "all-encompassing" artistic position. At the time, Strzemiński was not only active as a painter, but was a key animating spirit of the local artistic circles, and consistently strove to make his ideas for utilitarian art a reality. Soon after his arrival in Poland, Strzemiński co-organized the New Art Exhibition in Vilnius (1923), which introduced Constructivism into Polish art circles. He later went on to co-found and remained an active member of leading Polish avant-garde groups affiliated with the movement: "Blok" (1924–1926), "Praesens" (1928–1930), and "a.r." (1929–1936). Also around that time, Strzemiński formulated the theoretical foundations of his art, expressing them in a number of essays and two books: *Unizm w malarstwie* [Unism in Painting] (1928) and the above-mentioned *Composing Space / Calculating Space-Time Rhythms*, penned in 1929 and published two years later. Not long afterwards, in 1932, Strzemiński joined the Paris-based group "Abstraction-Création" and began publishing reproductions of his works in the group's official magazine. All throughout that time he also wrote a number of theoretical works, critiques, and artistic communiques, worked as a teacher, and co-founded the "a.r." group's International Collection of Modern Art, later bequeathed to the Łódź museum. All of these efforts were intended to promote modern art, and do so as broadly as possible. Its proponents genuinely expected it to reorganize the world by way of its newly emergent forms.

What was this new art supposed to be like? One of Strzemiński's fundamental postulates called for these new artworks to draw on no other visual, artistic values than those found within themselves. A work of art was expected to exist in and of itself, to express nothing, and created according to laws specific to itself, exist as a self-contained whole capable of being perceived visually, the latter being a key consideration for an artist. In *Integralizm malarstwa abstrakcyjnego* [The Unity of Abstract Painting] (1934),[8] Strzemiński wrote that this treatment of the works of art as separate "entities," which emulate neither reality nor other arts, was the essence of a new realism, "but the true realism of objects not different from any other."[9] Painting was no longer expected to mimic nature or craft illusory landscapes, but to produce works that stood on their own. These formal requirements were further radicalized by the artist in his concept of Unism, which shunned nearly all extrapictorial substance: forms depicting or referring to something, the illusion of depth, even contrasts. "The painting

is a rectangular, flat universe, self-sufficient within its borders, isolated from all that happens outside its frame,"[10] Strzemiński wrote in 1928. Modern art was to be underpinned by abstraction, but an abstraction veering close to the precepts of concrete art. The essence lay not in the effort to abstract (distill) forms from reality, but in the treatment of forms and colors as devoid of any real counterparts, however remote – which, in turn, shifted the emphasis toward composition, the arrangement of individual elements and the manner in which they are shaped, and – most importantly – the quest for one universal and objective principle of composition. In his 1924 essay *B=2*, which served as an introduction into Unist theory, Strzemiński writes: "The direction of development of the visual arts in the second half of the 19th and in the 20th century can be summarized: **to create a work of art as an organic plastic entity.** This is the net result of many particular tendencies."[11]

At the same time, Strzemiński thought it paramount for modern art, conceived in such a manner, to respond to the challenges of the times, to avoid detaching itself from real life. Like many proponents of the avant-garde, Strzemiński believed art could be codified in an essentially scientific manner, and, like many of his fellow artists and critics, he ultimately fell prey to the desire to apply the recent advances in natural sciences, such as the theory of evolution, for example, to the visual arts. In his 1934 essay *Sztuka nowoczesna w Polsce* [Modern Art in Poland], Strzemiński notes: "Art is underpinned by an objective developmental logic, a mutual interdependency and continuity of development. Each new artistic movement sprang from the presumptions underlying its predecessors. This principle of biogenetic growth binds both artist and audience. Each person must necessarily pass through their respective stages of the evolution of art."[12] And change, like in the theory of evolution, was facilitated by novel circumstances. "New forms never emerge by themselves, they emanate from paradigm shifts: the invention of new materials, technologies, or systems of labor,"[13] Strzemiński wrote.

Furthermore, as he continued to develop his theories, Strzemiński began putting more and more emphasis on the fact that concrete forms in art were also driven by the shift in what he called our "visual capacity," that is "the amount of visual experiences and sensations we are cognizant of." Changes in the scope of this essence are usually prompted by major civilizational and social shifts, a phenomenon Strzemiński explained in detail in *Teoria widzenia* [A Theory of Vision],[14] published posthumously in 1958. Strzemiński believed that the key novel circumstances to have emerged in his lifetime included the normalization and homogenization

10
Władysław Strzemiński and Szymon Syrkus, "Teraźniejszość w architekturze i malarstwie" [The Present in Architecture and Painting] (1928), in Władysław Strzemiński, *Pisma* [Writings], ed. Zofia Baranowicz (Wrocław–Warszawa–Kraków–Gdańsk: Zakład Narodowy im. Ossolińskich–Wydawnictwo Polskiej Akademii Nauk, 1975): 62.

11
Władysław Strzemiński, "B=2" (trans. Agnieszka Rejniak-Majewska), *Blok 8–9* (Nov.–Dec. 1924): n.p. [18].

12
Władysław Strzemiński, "Sztuka nowoczesna w Polsce" [Modern Art in Poland], in Jan Brzękowski, Leon Chwistek, Przecław Smolik, and Władysław Strzemiński, *O sztuce nowoczesnej* [On Modern Art] (Łódź: Wydawnictwo Towarzystwa Bibliofilów w Łodzi, 1934): 65.

13
Ibidem, 85.

14
Władysław Strzemiński, *Teoria widzenia* [A Theory of Vision] (Kraków: Wydawnictwo Literackie, 1958).

of form types, and the mass manufacture thereof.[15] New forms of labor (Fordism), the rapid growth of modern industry, innovative heavy machinery, materials, as well as the pace and way of modern life were best expressed, in Strzemiński's view, by an art that relied on "uniform elements" and "methods embracing mathematical calculation." He wrote: "The road that opens before art involves mastery of the machine and accommodating its logic. The various types of human activity ought to stem from a homogeneous central existential impulse. Today, that impulse is mostly one of *organization and mathematical calculation*."[16] Strzemiński believed his own *Architectural Compositions* an exemplification of this type of artwork, alongside architecture, sculpture, and utilitarian art, which, he argued, were created to serve mankind and be functional. In the case of the latter, the mathematically-devised rhythm of their constituent forms was based on the human figure. This, in turn, was supposed to yield a much better way of organizing human life and activity, and reflect the functionality and utility of these new systems of organizing human labor and the efficiency of machines. When conceived in such a manner, art would, in Strzemiński's view, first and foremost oppose the concept of "art standing above life, art based on passive reception of sensation, on surrender to and contemplative experience thereof."[17]

In effect, the artist postulated dispensing with any and all art burdened by ancillary artistic value, drawing on literature, dabbling in ornamentation of forms, or serving as an expression of luxury. Strzemiński believed that the sole objective of art was to devise formal approaches that could translate into enhanced human performance – in terms of everyday activity, duties, and labor. Art's ultimate test in this interpretation, meanwhile, was the "manufacture of forms within the realm of social utility." Art was expected to draw on technology, psychophysiology, and biomechanics. Strzemiński, however, still believed in the significance of the artistic experiment in and of itself, and acknowledged that in some instances they simply could not be implemented immediately, in industry for example. Regardless, the artist continued to attach utmost significance to the quintessential meaning of art, which saw it as a force of rationalization in life, a sort of collective effort (with each artist solving their own specific visual, artistic problem), which consolidates individuals into an effectively operating community, counters the excesses of individualism and wanton emotionality, and, first and foremost, acts as an instrument organizing society. In a conversation with another Polish avant-garde artist, Leon Chwistek, Strzemiński explicitly stressed: "The work of art and the artist's position on issues of visual form are an expression of their general attitude towards one or another type of culture.

15
Strzemiński, *Modern Art in Poland*: 85.

16
Ibidem.

17
Ibidem, 91.

The work of art is an expression of the artist's socio-cultural pursuits, sublimated and transposed into artistic form."[18] Although rooted in Constructivism, Strzemiński was, like many of his fellow avant-garde artists, a witness to the horrors of World War I, and, because of these experiences, he put much of his hopes on a world where socially competent people would knowingly choose to renounce emotion as inexorably leading to cataclysm. And the arrival of such a world was to be facilitated by rationalist abstract art.

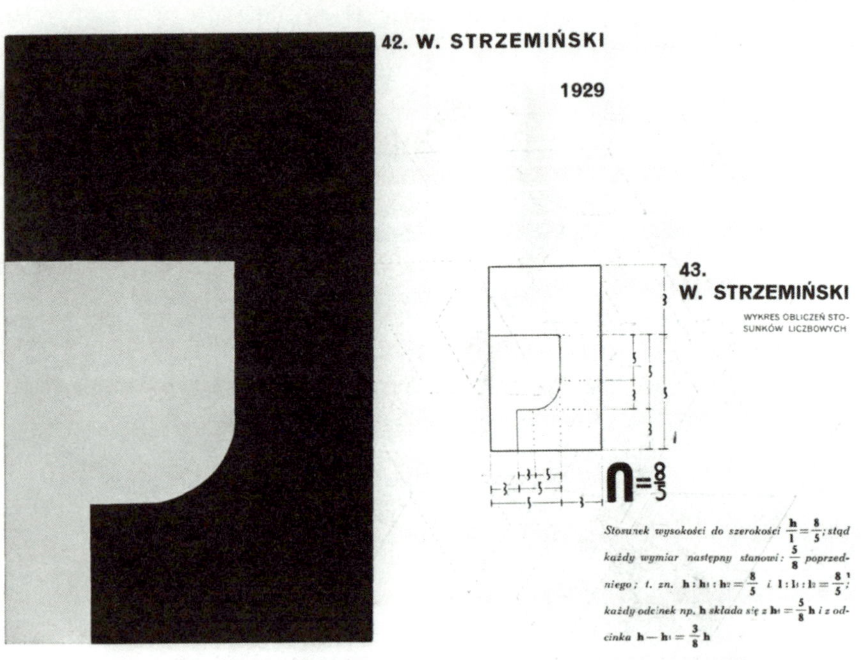

18
Leon Chwistek and Władysław Strzemiński, "Dyskusja L. Chwistek – W. Strzemiński" [Discussion L.C. – W.S.], *Forma 3* (1935): 8.

Above
Illustrations from the book *Composing Space / Calculating Space-Time Rhythms* (co-authored with Katarzyna Kobro, 1931), depicting the 1929 piece *Composition* and the calculations of the specific proportions underlying it.

Władysław Strzemiński: biography
Władysław Strzemiński (1893–1952) – painter, art theorist, designer, and educator. One of the most important figures of the interwar avant-garde movement in Poland. Born in Minsk (then part of the Russian partition of Poland) to a Polish noble family, he later studied at the Tsar Nicholas Military College of Engineering in St. Petersburg. Strzemiński served with the Russian army during World War I, but was eventually discharged on medical grounds following a grave combat injury. He began his artistic education in Moscow during the Revolution, taking classes at the First State Free Art Studios. He was a highly active member of artistic circles in Moscow and Smolensk. Around that time, he met and later married sculptor Katarzyna Kobro. The couple fled to Poland in late 1920 / early 1921. In 1923, Strzemiński co-organized the First New Art Exhibition in Vilnius; he later collaborated with a number of Polish art groups, including "Blok" (1924–1926), "Praesens" (1926–1930), and "a.r." (1929–1936), as well as with the international group "Abstraction-Création" (1932–1936). With "a.r." he co-founded the International Collection of Modern Art, later bequeathed to the museum in Łódź, which featured works from leading figures of the avant-garde movement, such as Max Ernst, Piet Mondrian, Theo van Doesburg, and Pablo Picasso. He was a prolific author of theoretical and critical texts, and three of his books were published in print: *Unizm w malarstwie* (1928), *Kompozycja przestrzeni. Obliczenia rytmu czasoprzestrzennego* (co-authored with Katarzyna Kobro, 1931), and *Teoria widzenia* (1958). He contributed to a number of exhibitions, including *Machine Age* (1927) in New York City and *Salon Modernistów* [The Modernist Salon] (1928) in Warsaw. With "Praesens," he drafted a number of interior designs for the Polish General Exhibition in Poznań (1929). In 1932, he received the City of Łódź Artistry Award in the Fine Arts category. Later that year, he organized the exhibition *Drukarstwo nowoczesne* [Modern Printing], which showcased works from pre-eminent designers, including Kurt Schwitters, Jan Tschichold, and László Moholy-Nagy. Strzemiński also worked as a teacher for most of his adult life. Before the war, he taught in high schools in Szczekociny, Brzeziny, Koluszki, and Żakowice. He also served as director of a vocational school for printing press operators, where he promoted functional printing. After World War II, he contributed to the establishment of the Higher School of Fine Arts in Łódź, where he taught art history and graphic design. He stayed with the School until 1950, when he was dismissed after being labelled a "formalist" (abstractionist) by the Ministry of Culture, which at the time sought to tighten the state's cultural policy under the new Communist regime. He died of tuberculosis not long afterwards. His most important works include the series: *Kompozycje unistyczne* [Unist Compositions], *Kompozycje architektoniczne* [Architectural Compositions], and *Powidoki* [Afterimages]. The Muzeum Sztuki in Łódź also holds his *Neoplastic Room*.

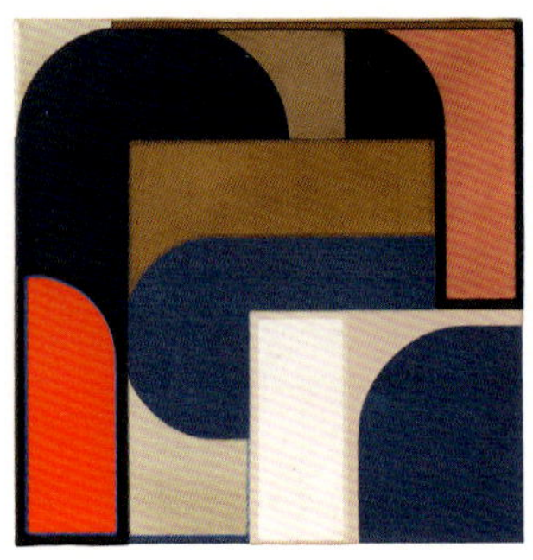

p. 13
Svenja Deininger
Untitled, 2020
Olio su lino / Oil on linen
50 × 50 cm

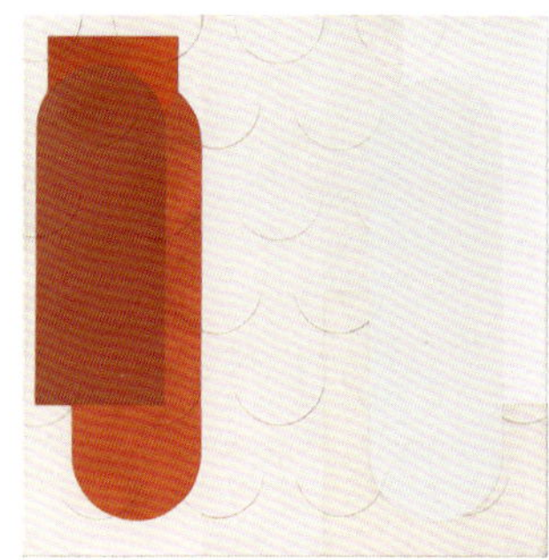

p. 14*
Svenja Deininger
Untitled, 2019
Olio su lino / Oil on linen
80 × 80 cm

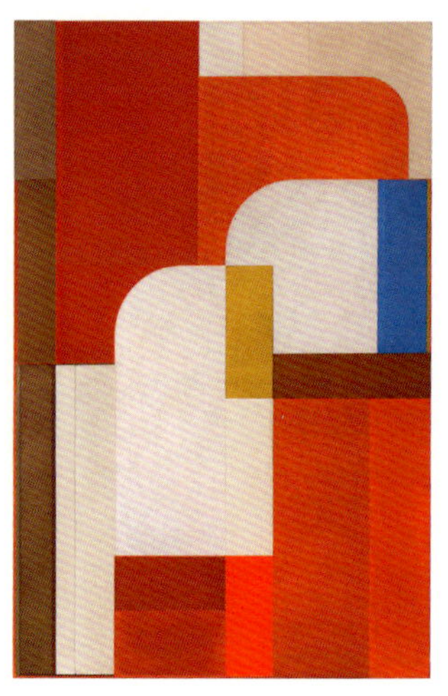

p. 15
Svenja Deininger
Untitled, 2020
Olio su lino / Oil on linen
230 × 150 cm

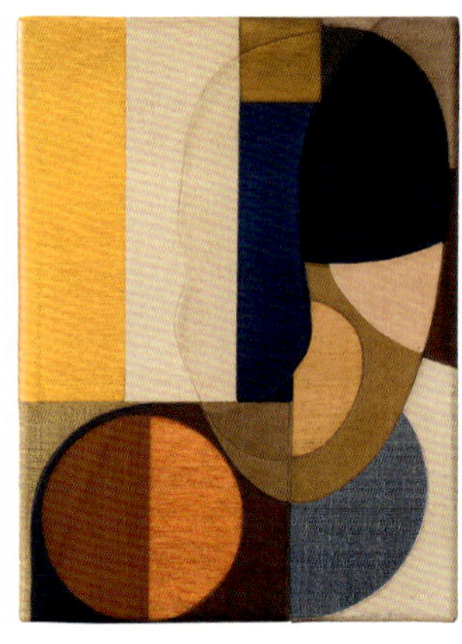

p. 17
Svenja Deininger
Untitled, 2020
Olio su lino / Oil on linen
28 × 21 cm

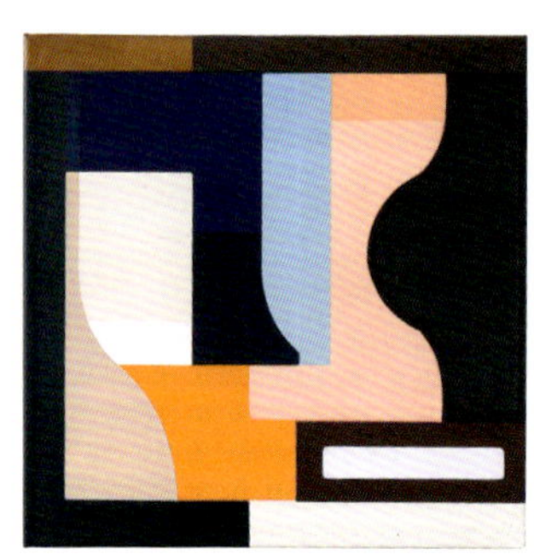

p. 18*
Svenja Deininger
Untitled, 2020
Olio su lino / Oil on linen
50 × 50 cm

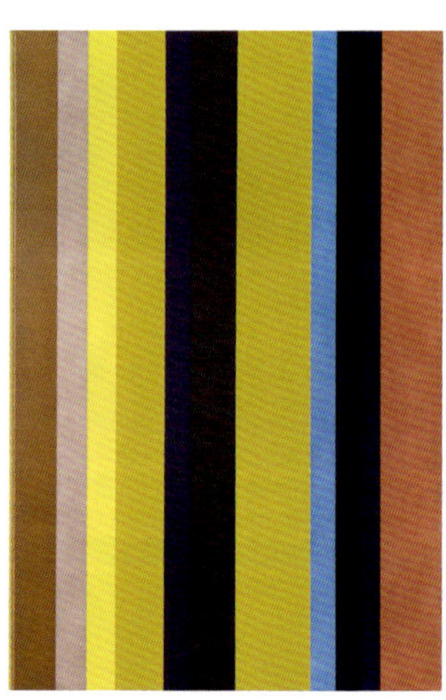

p. 19
Svenja Deininger
Untitled, 2020
Olio su lino / Oil on linen
230 × 155 cm

*
Opere non in mostra /
Artworks not on display
in the show

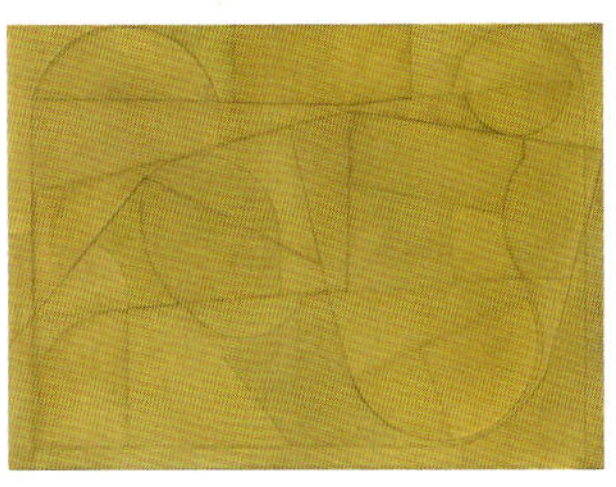

p. 21
Svenja Deininger
Untitled, 2020
Olio su lino / Oil on linen
130 × 180 cm

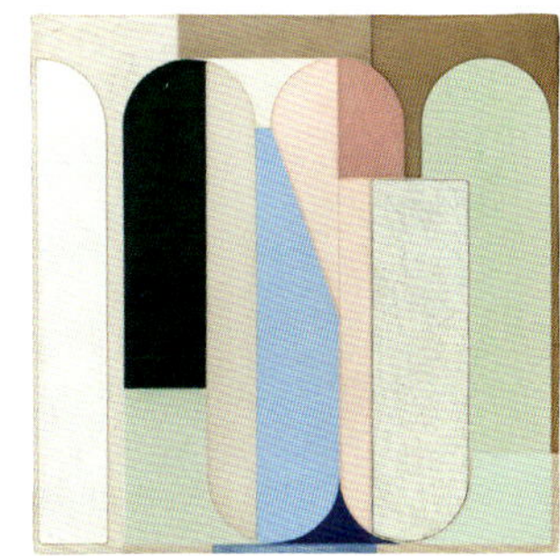

p. 22
Svenja Deininger
Untitled, 2019
Olio su tela / Oil on canvas
50 × 50 cm

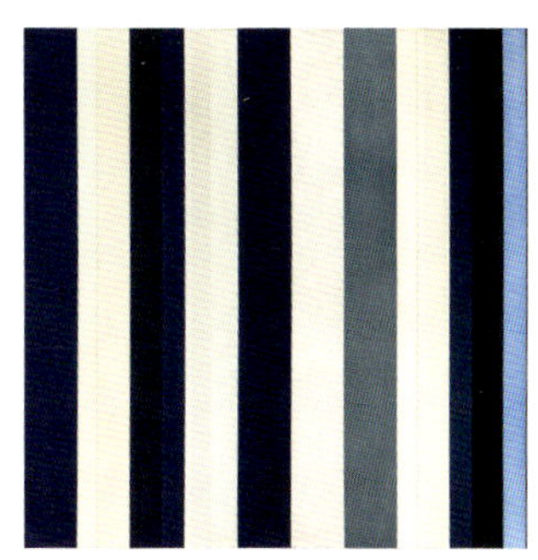

p. 23
Svenja Deininger
Untitled, 2020
Olio su lino / Oil on linen
190 × 190 cm

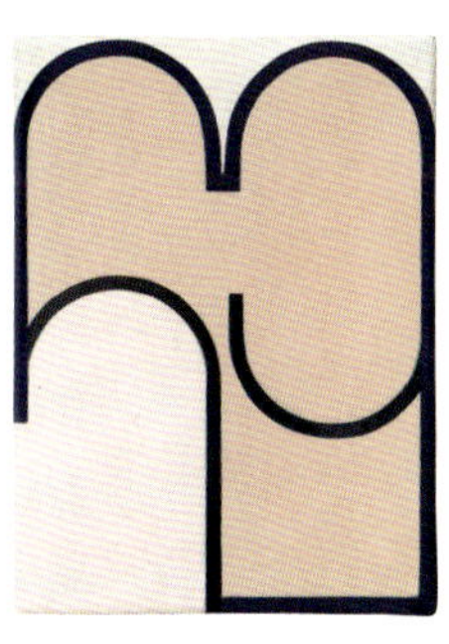

p. 24*
Svenja Deininger
Untitled, 2020
Olio su lino / Oil on linen
28 × 21 cm

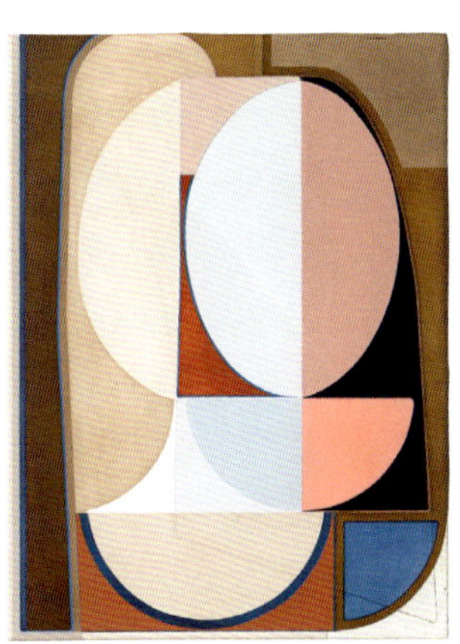

p. 25
Svenja Deininger
Untitled, 2019
Olio su tela / Oil on canvas
67 × 50 cm

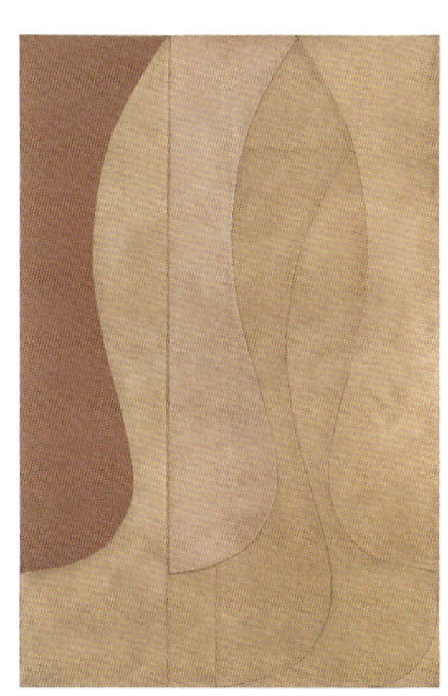

p. 26
Svenja Deininger
Untitled, 2018
Olio su lino / Oil on linen
269,5 × 180 cm

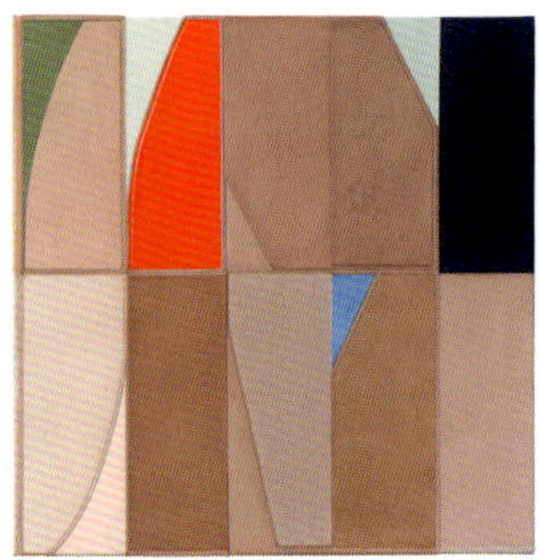

p. 27
Svenja Deininger
Untitled, 2020
Olio su tela / Oil on canvas
60 × 60 cm

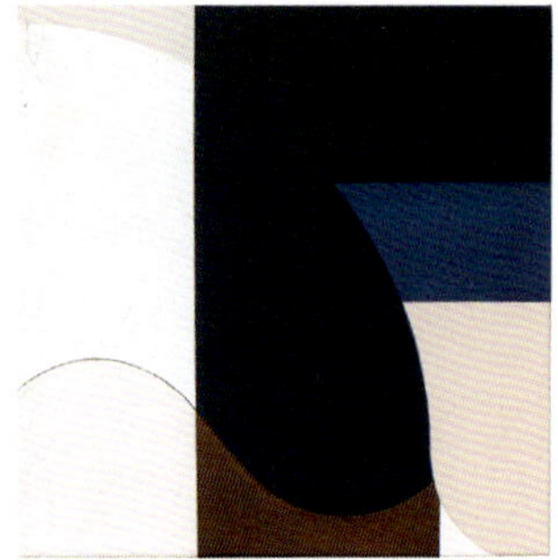

p. 28*
Svenja Deininger
Untitled, 2020
Olio su lino / Oil on linen
50 x 50 cm

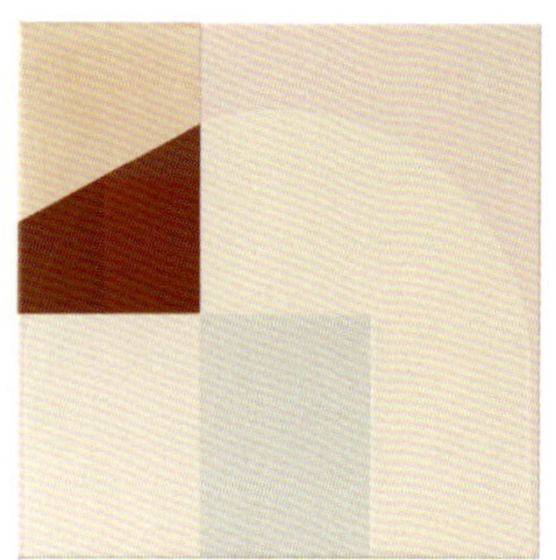

p. 29
Svenja Deininger
Untitled, 2020
Olio su tela / Oil on canvas
60 × 60 cm

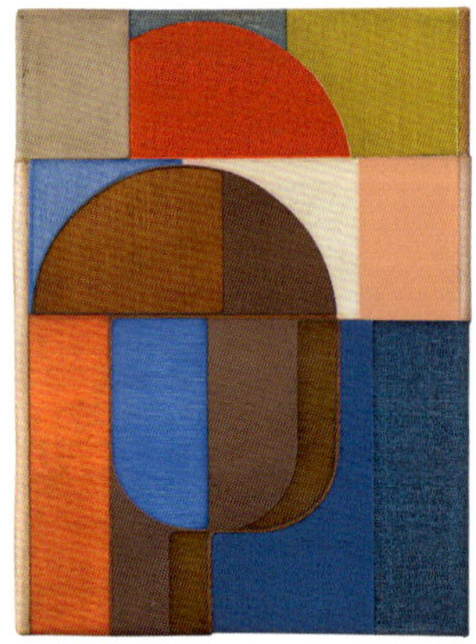

p. 31
Svenja Deininger
Untitled, 2020
Olio su lino / Oil on linen
28 × 21 cm

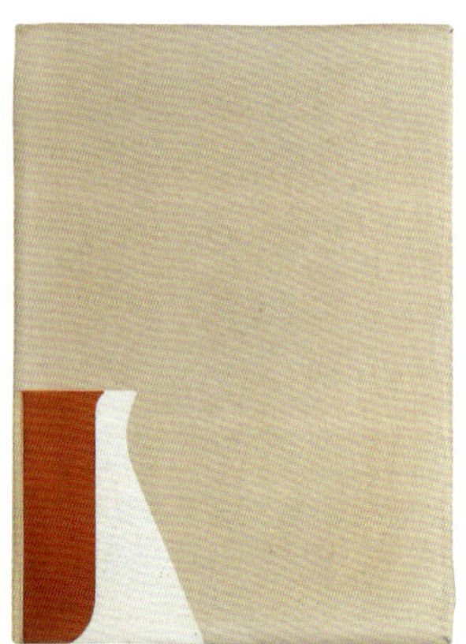

p. 32*
Svenja Deininger
Untitled, 2019
Olio su lino / Oil on linen
28 × 21 cm

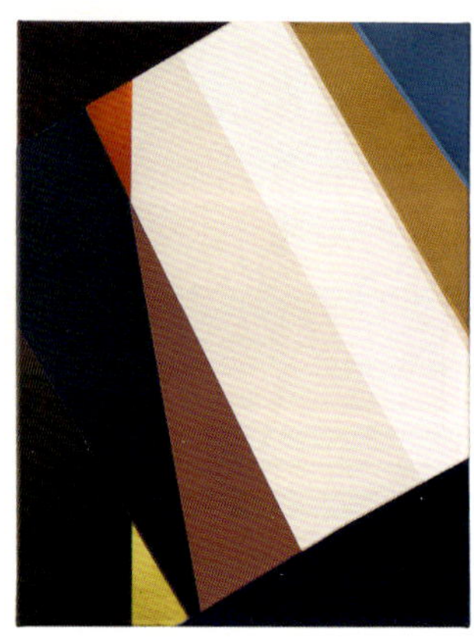

p. 33*
Svenja Deininger
Untitled, 2020
Olio su lino / Oil on linen
65 × 50 cm

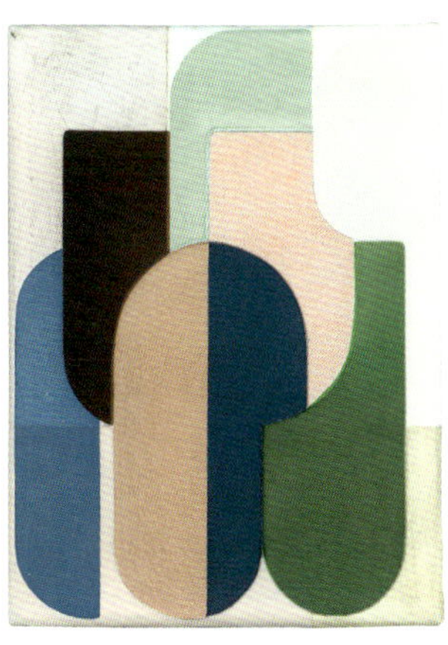

p. 35*
Svenja Deininger
Untitled, 2020
Olio su tela / Oil on canvas
28 × 21 cm

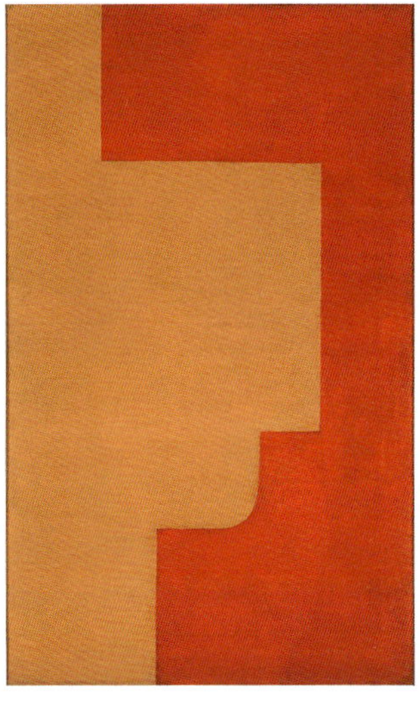

p. 73
Władysław Strzemiński
Composizione architettonica 6b /
Architectural Composition 6b, 1928
Olio su tela / Oil on canvas
96 × 60 cm

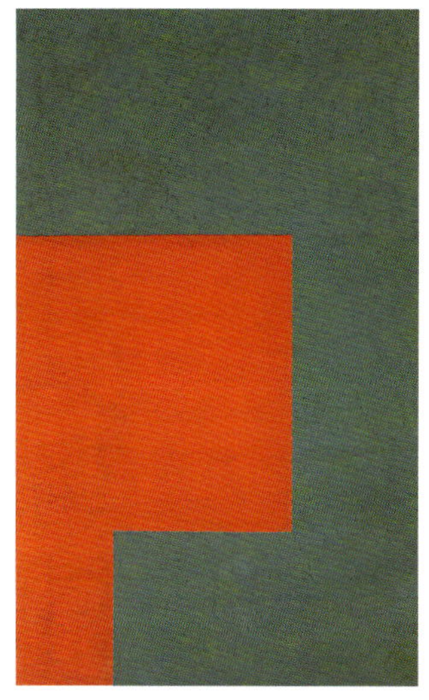

p. 74
Władysław Strzemiński
Composizione architettonica 10c /
Architectural Composition 10c, 1929
Olio su tela / Oil on canvas
96 × 60 cm

p. 75
Władysław Strzemiński
Composizione architettonica 8b /
Architectural Composition 8b, 1928–29
Olio su tela / Oil on canvas
96 × 60 cm

p. 76
Władysław Strzemiński
Composizione architettonica 9c /
Architectural Composition 9c, 1929
Olio su tela / Oil on canvas
96 × 60 cm

Biografia di Svenja Deininger /
Svenja Deininger's biography
Nata nel 1974 a Vienna. Vive e lavora tra
Vienna, Berlino e Milano / Born in 1974
in Vienna. Lives and works in Vienna,
Berlin and Milan.

Mostre personali / Solo exhibitions

2019
MarfaInvitational, Marianne Boesky
Gallery, Marfa (TX, USA)

2018
Crescendo, Marianne Boesky Gallery,
New York

2017
Echo of a Mirror Fragment, Wiener
Secession, Wien
Second Chances First Impressions,
Norton Museum of Art, West Palm
Beach (FL, USA)
Galerie Martin Janda, Wien
Second Sentence, Federica Schiavo
Gallery, Milano
Joslyn Art Museum, Omaha (NE, USA)

2015
Untitled / Head, Marianne Boesky
Gallery, New York
Every Something Is An Eco of Nothing,
Federica Schiavo Gallery, Roma

2013
Pendant, Galerie Martin Janda, Wien
One Second Balance, Marianne
Boesky Gallery, New York
STRABAG Art Lounge, Wien

2012
Kunsthalle Krems / Factory, Krems

2011
Tresor, Bank Austria Kunstforum, Wien
*BLACK PAGES #23 SVENJA
featuring Svenja Deininger*, Wiener Art
Foundation, Wien

2010
Galerie Martin Janda, Wien

2009
12 seconds with the current, Thomas
K. Lang Gallery, Wien
Praterstraße 48, Wien

2008
Zatracone po drodze, Österreichisches
Kulturforum, Warschau

2007
Da War Nichts, layrwuestenhagen
contemporary, Wien
Who made this hole?, Forum
austriaco di cultura, Roma

Who made your horizon?, Project
space Kapitalistischer Realismus, Berlin

2005
Mit dir bis zum geht nicht mehr,
layrwuestenhagen, Wien

2004
*Dann wuchs der Weg zu den Augen
zu*, Kunstraum Essen, Essen

Mostre collettive / Group exhibitions

2019
Galerie Martin Janda *satellite* im
Hochhaus Herrengasse, Wien
Stains on a Decade, Josh Lilley
Gallery, London
Konkrete Gegenwart, Museum Haus
Konstruktiv, Zürich
02 74 75 76, Federica Schiavo
Gallery, Milano

2018
Surface Work, Victoria Miro Gallery, London
Borderline Relation, Eastward
Prospectus, Bucharest
Testbild, Neues Museum, Nürnberg

2017
Abstract Painting Now!, Kunsthalle
Krems, Krems
Other Spaces. Collected #7,
Kunstforum, Wien

2016
Three Paths to the Lake, Galerie
Martin Janda, Wien
*4E | INTIMATE EDGES. Svenja
Deininger and Alain Biltereyst*,
The Embassy, Bruxelles

2015
Figur | Struktur, RLB Kunstbrücke
Innsbruck, Innsbruck
*Flirting with Strangers – Werke
aus der Sammlung*, 21er Haus, Wien
Spaces Between, The FLAG Art
Foundation, New York
Nähe und Distanz II, Cuxhavener
Kunstverein, Cuxhaven
*Geometric Abstractions: Ilse
D'Hollander, Svenja Deininger, Charlotte
Possenske*, G262, Sofie van de Velde,
Antwerp
Lumination, Patricia Low
Contemporary, Gstaad
*Michael Part, Nadim Vardag, Sarah
Pichlkostner, Svenja Deininger –
Tetrachord*, Josh Lilley Gallery, London
Current Current, Galerie Bob van
Orsouw, Zürich

2014
Bilbaumeister, Temporäre Halle für
Kunst, Linz

Short, Galerie Martin Janda, Wien
Reductive Minimalism: Women Artists in Dialogue, 1960–2014, UMMA – University of Michigan Museum of Art, Ann Arbor (MI, USA)
Dear Darling, Kunstverein in Hamburg, Hamburg
Beyond the process – Werke aus der Sammlung Lenikus, Kunstraum Innsbruck, Innsbruck
konkret – abstrakt, Parlament der Republik Österreich, Wien

2013
Now and Then – The first five countries of the ECB's exhibition series, European Central Bank, Frankfurt am Main
Herkomst: Particuliere Verzameling, Jeaniene Hofland Contemporary Art, Amsterdam
Das doppelte Bild. Aspekte zeitgenössischer Malerei, Kunstmuseum Solothurn, Solothurn
RESIDUE, WIELS, Centre d'art contemporain, Bruxelles
DNA: Strands of Abstraction, Loretta Howard Gallery, New York

2012
DRAWING QUOTE!, Pigna Project Space, Roma
Abstraktion und Subtraktion, Galerie Lisa Ruyter, Wien
Passage, Galerie Martin Janda, Wien
Die Sammlung, 21er Haus, Belvedere, Wien
5th Beijing International Art Biennial, Beijing
Strabag Art Award, Strabag Art Lounge, Wien
Strata, Sammlung Lenikus, Wien

2011
Svenja Deininger / Anne Neukamp / Max Schulze / Markus Amm, Petra Rinck Galerie, Düsseldorf
Karina Bruckner, Svenja Deininger, Hanako Geierhos, Taft Green, Florian Neufeldt, Michael Part, Rudolf Steckholzer, Paul Wagner, Praterstraße Berlin, Berlin
10 Anos del Programa de Residencias, Collection CCA Andratx 2001–2011, Kunsthalle CCA, Andratz
STRABAG Art Award, STRABAG Art Lounge, Wien

2010
Lebt und arbeitet in Wien III, Kunsthalle Wien, Wien
Fahrenheit, Kunstverein Schattendorf, Schattendorf
Ein ungenaues Gespräch, Ve.Sch – Raum für Form für bildende Kunst, Wien

2009
Dark Side of the Moon, Galerie Martin Janda, Wien
On Escape, dock 48, Salzburg
Subvision, Kunst.festival.off (bell street project space), Hamburg
Splits, bell street project space, Wien
Schnitzel Schmiss und Wiener Auster, Sammlung Lenikus, Wien

2008
Give up, Guertin's Graphics, Chicago
Hommage an die Zeichnung, Parlament der Republik Österreich, Wien

2007
Bye bye acapulco, Projectspace acapulco, Düsseldorf
Bauernmarkt – 8 positions, Intoposition, Wien
Open Art, layrwüstenhagen, München

2006
T-Mobile Art Award 2006, T-Center, Wien
Vehikel, aquarellbluten goes Wien, Atelier Bauernmarkt, Wien
RomAntiCo, Österreichatelier, Roma

2005
Kollektives Bewußtsein, aquarellbluten, Köln
In the memory of Aaron Kincaid, Atelier Bauernmarkt, Wien

2004
loser lodge, aquarellbluten, Köln
Face to face, Galerie Judith Walker, Klagenfurt
Heimat ist da, wo man sich nicht erklären muß, Neumann + Luz, Köln
Kunstpunkte im Salzmannbau, Düsseldorf
Rheinschau, art cologne projects, aquarellbluten, Köln
Index 04 Malerei, Kunstraum Essen, Essen

2003
Sex & Crime, Kunstraum Essen, Essen
Finde Klarheit in dunklen Wassern und brenne, KunstKlubKöln / aquarellbluten, Köln
Förderpreisausstellung Stiftung Kunst und Kultur, Magdeburg
Meiner Liebe entkommst du nicht, S. Marquardt & Gallery, Bruxelles

2002
Private View, Galerie Fiebach & Minninger, Köln
cut outs, layrwuestenhagen contemporary, Wien

96

Realizzato in occasione della mostra / Published on the occasion of the exhibition
Svenja Deininger | Two Thoughts
In dialogo con quattro opere di Władysław Strzemiński /
In dialogue with four artworks by Władysław Strzemiński
08.03 – 06.12.2020

Progetto grafico / Graphic design
Susanna Foppoli
Sateen Panagiotopoulou

Saggi di / Essays by
Luigi Fassi
Paulina Kurc-Maj

Estratti dagli scritti di / Excerpts from texts by
Władysław Strzemiński

Traduzione italiana / Italian translation
Marina Fabbri

Traduzioni inglesi / English translations
Johanna Bishop
Agnieszka Rejniak-Majewska
Jan Szelągiewicz

Fotografie delle opere / Photographs of the works
Markus Wörgötter
Courtesy Marianne Boesky Gallery, New York / Aspen; Galerie Martin Janda, Wien; Federica Schiavo, Roma / Milano

Fotografie delle vedute di mostra / Photographs of the exhibition views
Andrea Rossetti

Un ringraziamento a / Thanks to
Muzeum Sztuki, Łódź

collezionemaramotti

MaxMara

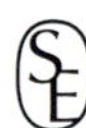

Direzione editoriale / Direction
Dario Cimorelli

Art Director
Giacomo Merli

Coordinamento editoriale / Editorial Coordinator
Sergio Di Stefano

Redazione / Copy Editor
Clelia Palmese

Coordinamento di produzione / Production Coordinator
Antonio Micelli

Segreteria di redazione / Editorial Assistant
Ondina Granato, Giulia Mercanti

Ufficio iconografico / Photo Editor
Alessandra Olivari, Silvia Sala

Ufficio stampa / Press Office
Lidia Masolini
press@silvanaeditoriale.it

Diritti di riproduzione e traduzione riservati per tutti i paesi /
All reproduction and translation rights reserved for all countries

ISBN 9788836646319

© 2020
Collezione Maramotti, Reggio Emilia
© 2020
Silvana Editoriale, Cinisello Balsamo, Milano
© Per le sue opere / For her works
Svenja Deininger
© Per le opere di Władysław Strzemiński / For Władysław Strzemiński's works
Ewa Sapka – Pawliczak, Muzeum Sztuki, Łódź
© Per i testi / For the texts
Luigi Fassi, Paulina Kurc-Maj, Ewa Sapka – Pawliczak, Muzeum Sztuki, Łódź
© Per le traduzioni / For their translations
Johanna Bishop, Marina Fabbri, Agnieszka Rejniak-Majewska, Jan Szelągiewicz
© Per le fotografie / For their photographs
Andrea Rossetti, Markus Wörgötter

A norma della legge sul diritto d'autore e del codice civile, è vietata la riproduzione, totale o parziale, di questo volume in qualsiasi forma, originale o derivata, e con qualsiasi mezzo a stampa, elettronico, digitale, meccanico per mezzo di fotocopie, microfilm, film o altro, senza il permesso scritto dell'editore. /
Under copyright and civil law this volume cannot be reproduced, wholly or in part, in any form, original or derived, or by any means: print, electronic, digital, mechanical, including photocopy, microfilm, film or any other medium, without permission in writing from the publisher.

Silvana Editoriale S.p.A.
via dei Lavoratori, 78
20092 Cinisello Balsamo, Milano
tel. 02 453 951 01
fax 02 453 951 51
www.silvanaeditoriale.it

Le riproduzioni, la stampa e la rilegatura sono state eseguite in Italia /
Reproductions, printing and binding in Italy

Stampato da / Printed by
Grafiche Aurora, Verona

Finito di stampare nel mese di giugno 2020 / Printed June 2020

Stampato in 1000 copie /
Printed in 1000 copies

Available through ARTBOOK | D.A.P.
155 Sixth Avenue, 2nd Floor,
New York, N.Y. 10013
Tel: (212) 627-1999
Fax: (212) 627-9484

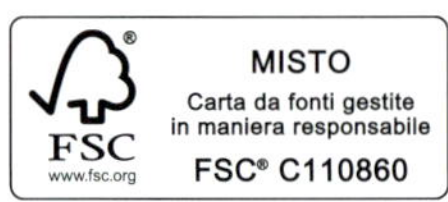